自己主張できない　失敗を引きずる　いつも振り回される

「自己肯定感」をもてない自分に困っています

コミックエッセイ

宝島社

こんな人は
自己肯定感が低いのかもしれません

いつも
ネガティブ思考で
失敗を引きずって
しまう

孤独感や罪悪感を抱える
ことがしばしばある

「都合のいい人」
扱いをされて
他人に使われる

「嫌われるのでは」
と思い他人にうまく
主張できない

他人からの否定的な
意見にひどく
傷つくことが多い

自分勝手な人の意見に
振り回されやすい

恋人や親しい
友人に対しての
依存心が強い

母親（または父親）が
自分に対して過干渉
もしくは無関心だった

いつも不安で自信がない

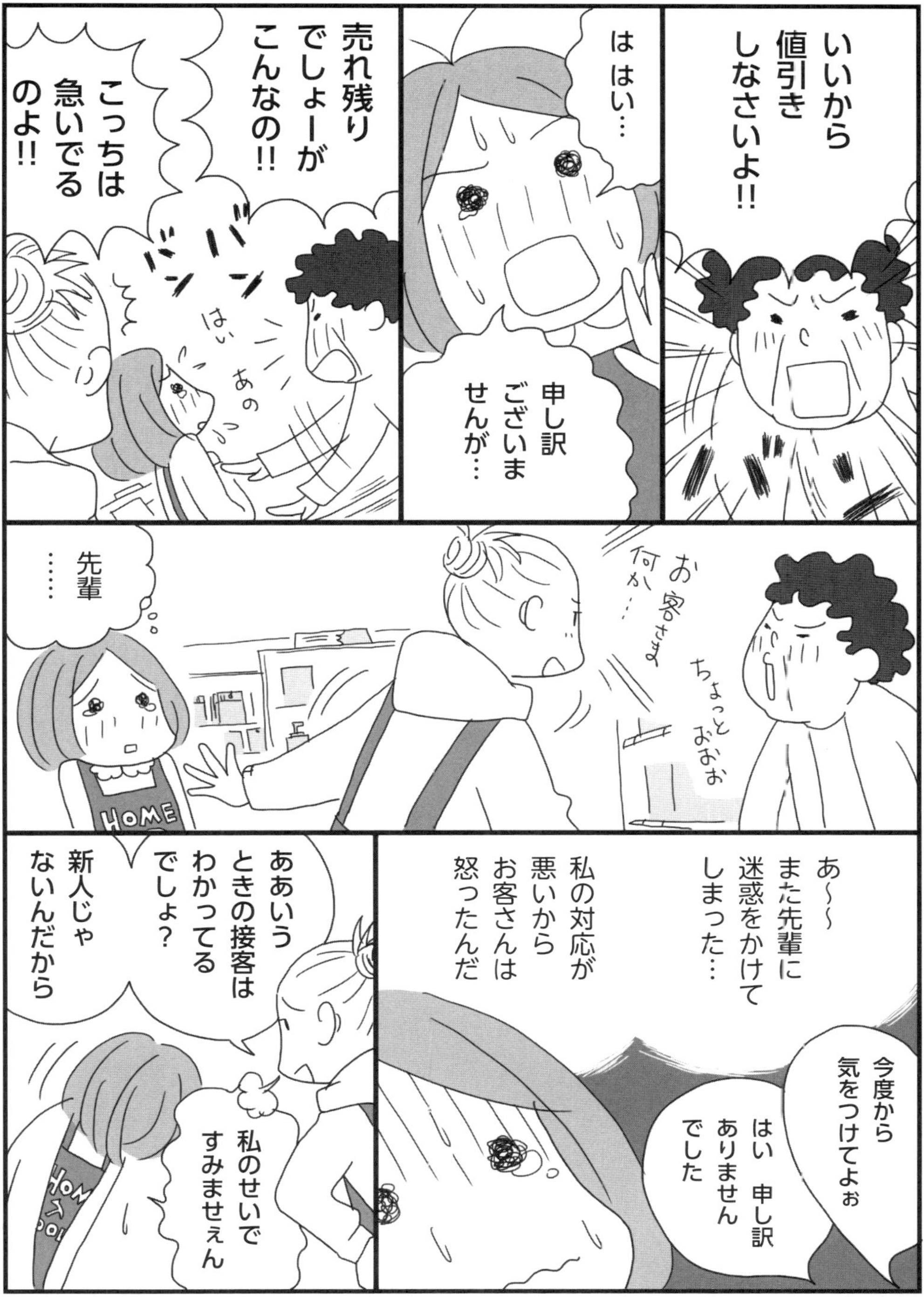
いいから値引きしなさいよ!!
ははい…
申し訳ございませんが…
売れ残りでしょーがこんなの!!
こっちは急いでるのよ!!
バン バン
はい あの
お客さま何か…
ちょっとおおお
先輩……
あ〜〜また先輩に迷惑をかけてしまった…
私の対応が悪いからお客さんは怒ったんだ
今度から気をつけてよぉ
はい 申し訳ありませんでした
ああいうときの接客はわかってるでしょ?
新人じゃないんだから
私のせいですみませぇん

まったく
もう！
もっと自信
もたなきゃ！
品出しが
下手くそ
バラ
バラ
発注を
ミスする
飲み会で
浮く
レジで
もたつく
イラ
イラ
モス
モス
テキパキ
バイトの
ほうが
優秀
何をやっても
うまくいかない
……
自信なんて
もてない…
こういった失敗は
誰もが経験する
ものだが
サチは気弱な性格で
事態を必要以上に
深刻に考えて
しまうのであった――

あのお
店長
お話が
…
え 何?
忙しいときに
辞めたい!?
この忙しい
時期に!?
みんな頑張ってるのに!?
松山さんは
何も感じ
ないの?
自分のこと
ばかり
考えないで
考え直そうよ
ポン
そうだ
私だけいなくなるのは
ズルいんだ
迷惑をかけて
しまう…
もうちょっとだけ…
はい
もう
ちょっとだけ…
もう
ちょっとだけ…

実は私
辞めようかと…
失敗を気に
病み過ぎなのよ！
大丈夫！
一緒に
頑張ろう！
はは
はい
先輩も
ああ言って
くれるし…
ガシャ
ガシャ
ガシャ
もうちょっと
だけ…
またか！
君は
忙しくなると
辞めるって
言う！
いや
そういうわけじゃ…
HOME
もう少し
考えて！
はは
はい
やがてサチは
体調を崩し
長期療養
することに
三度めの正直（？）で
退職したのであった――
カンカン
カーン

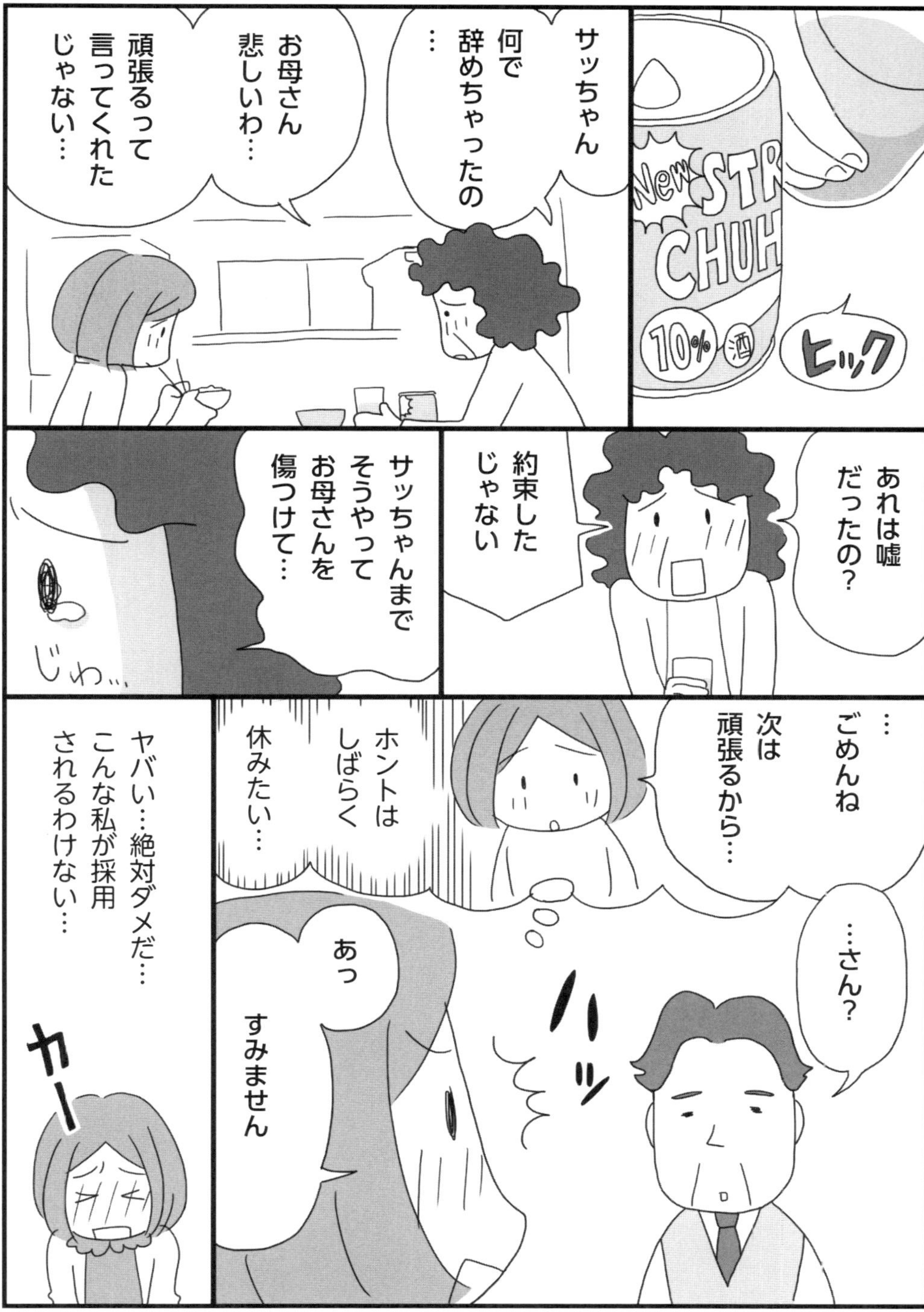
ヒック
New STR CHUH
10% 酒
サッちゃん 何で 辞めちゃったの…
お母さん 悲しいわ…
頑張るって 言ってくれた じゃない…
あれは嘘 だったの？
約束した じゃない
サッちゃんまで そうやって お母さんを 傷つけて…
じわ…
…ごめんね 次は 頑張るから…
ホントは しばらく 休みたい…
…さん？
ハッ
あっ すみません
ヤバい…絶対ダメだ… こんな私が採用 されるわけない…
カー

はじめに

日本人は自己否定する人、自己肯定感が低い人が多いと言われています。日本人の根底に流れているのは「和」の意識なのですが、突出しない、個性を出さない、違いを恐れる、波風を立てない、出る杭は打たれるなどの暗黙の了解があり、相手と和を保とうとするあまり、本音と建前を使い分けて、同じて和せない偽りの和になっています。日本人は、思いを主張することを抑えられ、人に迷惑をかけてはいけないと育てられるので、人目を気にし過ぎたり、周りに合わせ過ぎたり、主義主張ができなかったり、確固とした自分のメッセージもビジョンももてなかったりする人が多いようです。

自己肯定感が低いと感じているあなたは、運もない、実力もない、知識も技術もないと自分に不満をもち、本当はこうしたいと思っているのに何もできないでいませんか？　親や世間から刷り込まれ、過去の経験から思い込んでしまって、自分にはできない、どうせ自分なんかと諦めていませんか？　自分の弱さを認め、受け入れられないために、やる気になりさえすればいつでもできると誤魔化《ごまか》していませんか？　それらは刷り込まれ思い込んだ偽りの自分なのです。自分を責める必要はありません。目標を達成できるかどうかは、精神力や人間性、特殊な技術や運ではなく、それを実行するための情報や方法を知ることにかかっています。

脳には、自己保存や生命維持を最優先とする恒常性維持機能（自我）があり、自分の身体を最適な状態に保とうとするので、もっとよい自分に変わろうとして行動し始めても、身体がそれをストレスと判断し元の状態に戻そうとしてしまいます。心に否定的反応が出たり、他者から否定的意見を出されたり、決めたことを続けづらくなるような出来事が起きたりします。努力すれば実現できるのに、自我はそれをさせないようにするのです。せっかく目標を決めて行動を始めても、この最初の困難に出合って諦めてしまう人が多くいます。逆に言えば、事前に知っていれば対処でき、大変なことに直面するのは当たり前だと受け止められれば乗り越えやすいわけです。前進には反発や反動は避けられません。そんなときには気落ちしている本当の自分（本心）を意識しやさしく励ましてあげることが必要です。周囲の人が褒めてくれないのであれば、自分で自分を認め褒めてあげると、脳（自我）は変化することに抵抗しなくなります。

こういったハードルを乗り越える強い意思をもつためにまず必要なのは、自分の殻（自我）を破ることです。自分１人では破れない自我の硬い殻も、誰かの導きと手助けにより可能になります。人間は、さまざまな経験をありのままに受け入れ、それらの経験を通じて自分をありのままに受け入れて成長するために生まれてきました。経験をありのままに受け入れられないとき、必ず同じ状況や人々を引き寄せて、似たような経験を繰り返すことになります。自分を肯定できない、自分を受け入れられないという悩みを解決するには、自我の存在をどう考え、本当の自分（本心）をどう導き出すかにかかっています。

「本当の自分って何だろう？」と感じている方も多くいらっしゃると思います。本書を通じて、自分がないと思うとき、自分がわからなくなったとき、自我の殻を破り、本当の自分を内面から芽吹かせ成長させる方法を知っていただければ幸いです。

目次

第1章 それって、もしかして「自己肯定感」が低いから？

第2章 成長過程で作られた「思い込み」が原因だった!?

第3章

見たくなかった自分を見て、そのまま引き受ける

第4章

心の中を自己肯定感で満たしながら生きていく

執筆協力：高橋淳二（有限会社ジェット）
装丁：小松真也、串田美智子（シーズ広告制作会社）
本文デザイン：佐藤綾子（Tangerine Design）
本文DTP：鈴木かおり
編集：柘植智彦（ビーコム）、小野結理（宝島社）

主な登場人物

サチの母

専業主婦。サチのことを心配しているが過干渉。夫と過ごす時間も会話も少なく、孤独感からか酒量が増えてきている。54歳。

サチの父

典型的な昭和のサラリーマン。仕事中心の生活で家のことには無関心だったが、サチが退職したことは少し気になっている。56歳。

コマツ

元は野良の保護猫。5歳の♀。

松山《まつやま》サチ

大学卒業後にホームセンターに就職するも、激務から体調を崩し退職。現在転職活動中。猫が大好きだが犬も好き。26歳。

クリニックの先生

丁寧なカウンセリングで評判の開業医。患者さんからの信頼も厚い。50歳。

第1章

それって、もしかして「自己肯定感」が低いから？

サチは自己主張がうまくできない
○○○小学校同窓会
ご出席・ご欠席
氏名
（旧姓　　）
住所
これもう返信しないと
うーん
うーん
トス
……………
よし！
出席してみよ
着ていく服…
というわけで久しぶりに買い物に来た
お客さまワンピースをお探しですか

これなんか今すごく人気なんですよ
花柄…
オススメです！
よかったらぜひご試着ください
え…いやこっちを
あらあぁとってもお似合いですよぉ
これからの季節にぴったりです
私ってホントに押しに弱い…
これは似合ってるのか？
同窓会当日——
カンパーイ
やっぱりちょっと派手だったかな
ワイワイ

こないだ仕事辞めちゃってさー もう3社め だぜ
無職だよ やべぇよ
無職！
仕事が何だよ
俺なんかこないだ5年付き合った彼女にフラれたよぉ
今は仕事頑張りたいのって
別れて1週間後金もってそうなおっさんと
腕組んで歩いてたわぁ
あー それ完全に二股&不倫だわ
やっぱりかー
私は奨学金の返済で
毎月ギリギリの生活だよ〜〜
なのになぜ太る！
ってやかましいわ
ギャハハハハハ
ドン
あ ごめん えーっと……
大丈夫
松山だよ
何忘れてんだよ
バカ 忘れてねーよ

みんないろいろ悩んでるんだな
大丈夫です
なかなか輪に入れないけど居心地は悪くないかも
よっしゃーー！今日は飲むぞーー!!
二次会行くよ〜〜
!
ポインポイーン
ポイーン
ポイーン
まだ終わらないの？
お母さん昨日から体調悪いの
風邪ひいたのかもしれない
早く帰ってきてね
ポイン

行きたかったけど…
私とか
いなくても
同じだろうし…
あの…
お母さんが
風邪で
私はこれで
……
え
そうなの
しょうがないわね
あれ？ 松山
帰っちゃったの？
あんま
しゃべんないし
楽しくなかった
のかな
お母さん
風邪なんだって
私なら
ほっとくけど
ガハハハ
ひでーなー
ただいまぁ
遅かった
じゃなーい
ぜんぜん帰って
こないから
心配したのよ

風邪は？
え
風邪？
STRONG CHUHAI
10%
酒
ゼリー盛り
そうね
心配かけるから
お母さん具合
悪くなっちゃったわ
え
次の仕事も
決まってないのに
遊び歩くなんて
やっぱり
サッちゃんにとって
よくないわ
同級生に嫌味
言われたでしょ
いや…
お母さんも
再就職先
探すから
一緒に
頑張ろうね！
風邪じゃ
なくて
よかった
遅くなる
って伝えた
よね
そう
私は無職
…うん
心配かけて
ごめんね

それでね
お母さん
インターネットで
こんなの
見つけたの
自分を変えれ
世界が変
自己啓発セミナー
日時：○月○日
場所：○○○
○○○○○○
○○○○○
Web限定料金
○○○○円
サッちゃん
一度行ってきなさい！
ガチャ
あ
お父さん
帰ってきた
ただいま！
はい
これ
風呂
入って
こよう
かな…
ニァ

自分を変えれば世界が変わる
セミナー会場
合言葉は
ウェ〜〜イ!
えー自分ツレが2億人いまして〜
月月火水木金金
無心で働く!!
休まず働き続けることで
痛みや苦しみから解放されます
LOVE＆PEACE
ヒヒヒヒ
楽して儲けよう!
夜は墓場で勉強会があります
……

趣味用のSNSアカウント
コマっち@comachi100
今日のセミナーはすごくためになった！　これまでに教わったメソッドをさっそく明日から始めてみます^_^
よし！
えーっと…
ウェ〜イ！
ビクッ
ビクッ
あれからいろいろ試してみたけど…

ウェ〜〜ィ!
ピース
ジャーン
月月火水木金金
何だかなぁ…
ケロリーナ
こんなのにハマってるの?
サトルくん
これはヤバいでしょwww
SAMMY
そのセミナーの主催者逮捕歴あるみたいですよ
逮捕歴…
何してるの?こんなのに時間もお金も使って!
バカなの?
でも、まだ続けなきゃ!
自分らしさって何だろう…
む〜
もう失敗できないの!
自己否定のマイナス思考を繰り返すサチ
彼女はまず〝自分〟と向き合う必要があった——

「自己肯定感」とは「ありのままの自分でいい」と思えること

ここからは、いよいよ「自己肯定感」についてお話をしていきます。

「自己肯定」という言葉を聞くと「プラス思考ができること」をイメージする人が多いようですが、その「自己肯定」の捉え方は一面的です。

私のクリニックに診療に来た人たちには、「『何かができる』と思うことを自己肯定と呼ぶのではありません。『できなくてもいい』と思えることが自己肯定ですよ」と説明しています。

肯定には、「プラスもマイナスも引き受けなさい」という意味合いが含まれています。できる自分だけではなく、できない自分をも認めること——これが自己肯定なのです。

言葉にすれば、「これでいいんだ」「これでやるしかないんだ」「このままでいいんだ」といった表現になると思います。

プラス思考には、意外な落とし穴があります。「結果が出なかった」「前向きな気持ちでいられなかった」など、プラスでいられなかったときに自分を責めてしまうのです。

実際、「自己肯定感を上げよう」と思い、さまざまなことに取り組んでみたものの、うまくいかず、逆に落ち込んでしまった——という人はたくさんいると思います。

2017年にノーベル経済学賞を受賞したシカゴ大学教授のリチャード・セイラーさんは、日本の書家・詩人であった故・相田みつをさんのファンだそうです。相田さんの残した言葉「にんげんだもの」が研究のベースにあります。

人間は、いつも合理的な判断ばかりしているわけではありません。人間だから間違いやミスを犯すものなのです。相田さんの残した名句「つまづいたって　いいじゃないか　にんげんだもの」のとおり、自分自身を受け入れるスタンスこそが、自己肯定なのです。

すべての出来事はプロセス
二元論で考えなくていい

私たちは、あらゆる物事を二分して二元論で考えてしまう世の中に住んでいます。例えば、「成功と失敗」「善と悪」「プラスとマイナス」といった二分法です。この考え方が、私たちの視野を狭くしてストレスを生み出しています。

この二元論で考えるのをやめると視野が広がり両極を見据えて「これでいいんだ」と自己肯定ができる自分になっていきます。

例えば、物事を「成功か失敗か」と捉えるのではなく、たとえ成功であろうと失敗であろうと、「すべての出来事は学びのプロセスである」

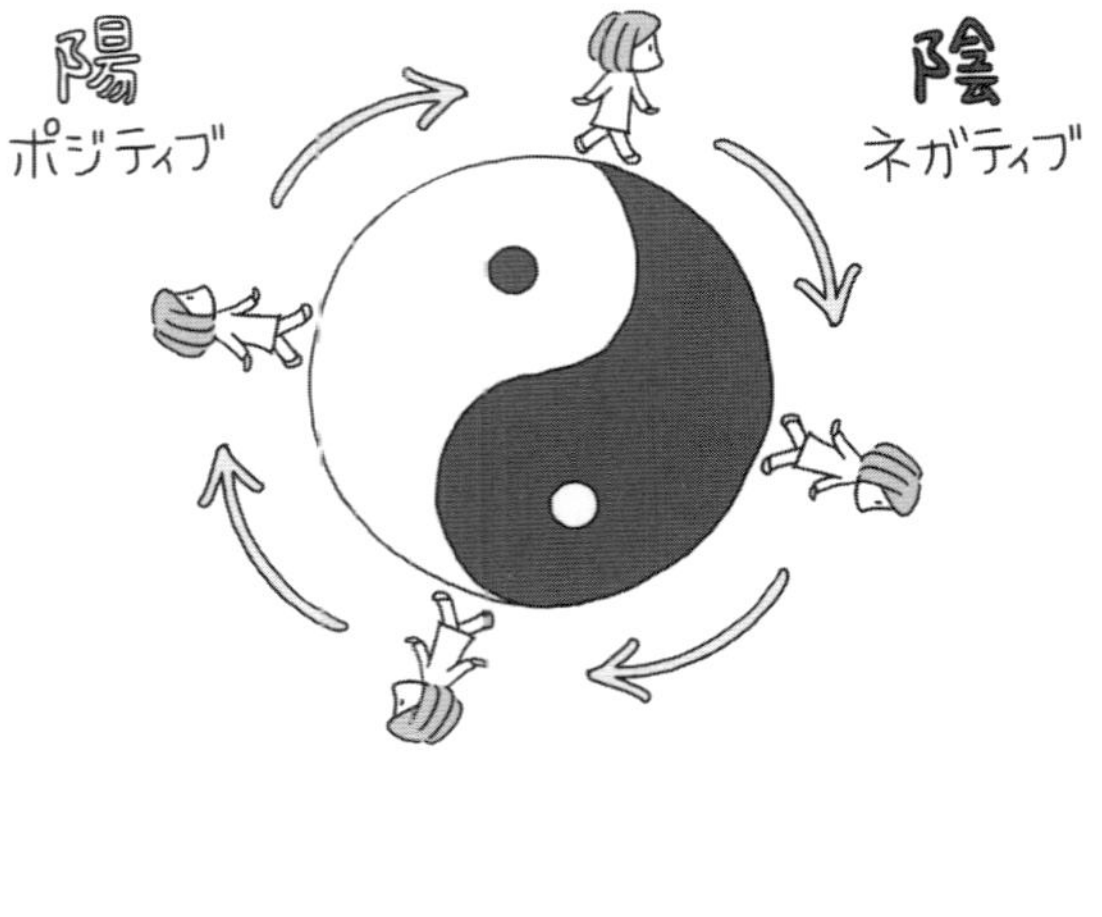

と捉えることができるのです。

「失敗＝過ち」と意味づけたら自己否定になり、「失敗＝過程」と意味づけたら自己肯定となります。

失敗をどう捉えるかということが、非常に大事なのです。失敗を「次の成功につながる学びの経験」と捉えるか、それとも「自分の限界を知る挫折の経験」と捉えるか……。そこに自己肯定となるか、自己否定となるかの大きな分かれ道があります。

成功も失敗もない。よいも悪いもない。

そのイメージを、私はよく陰陽循環を表す太極図を用いて来院者に説明しています。

「私たちの人生は、陰と陽が重なり合って絶えず循環している状態なのですよ。今『よくない』『うまくいかない』と感じていても、やがて必ずプラスの状態に反転するのです」と伝えています。

「陽」の中には「陰」があり、「陽」の後には「陰」がやってきます。二元論から離れるということは、この平面の図の円周を巡る見方から、これを立体形にして外からその全体を見るということです。

「失敗」にばかり目を向け、自分を否定している人は、物事の見方を変え、すべてはプロセスと捉えましょう。そうすれば、今のままのあなたを引き受けやすくなるのです。

自己嫌悪の感情を育ててしまう思考のスパイラル

前項では「成功と失敗」を例に二元論のお話をしましたが、自己嫌悪についても二元論が大きく関係しています。

自己嫌悪が作られる原因は「劣等感と罪悪感」です。思春期以降は、自分と他人を比較する「優劣」の意識を強め、自分に「劣等感」をもつ機会が増え、自己嫌悪の感情が芽生えやすくなります。また、物事を「善悪」で裁く意識も強まるため、自分の言動に「罪悪感」をもつ機会が増え、自己嫌悪に陥りやすくなります。自分が嫌いな人ほど、優劣や善悪で人を裁く「二元論のものさし」の上にいる傾向にあります。

自己嫌悪を克服するには、そのものさしから離れて「比較→劣等感や罪悪感→自己嫌悪」という「思考のスパイラル」を俯瞰することです。自己嫌悪は「自分と他人との比較」から生まれる感情で、劣等感や罪悪感からくる失望をもたらしますが、一直線だと思っていたものさしが、メビウスの輪のようにひとひねりして輪になっていることを知れば、比較する必要もなくなり、希望も湧いてきます。

どんなことでも自分の責任である「自覚」がなければ解決できません。自覚とは、「これは自分のせいかも」「自分がなんとかしないと」という、自分の身に起こっていることを自分の責任だと捉えられる心です。反対に無自覚のうちは、問題は解決できません。「なぜ私がこんな目に」「あの人のせいだ」と、自分の身に起こっていることを自分ではなく人のせいにしてしまうからです。

人間は自分の責任で解決すると自覚することで、初めて問題解決に取り組むことができ、自己を変える出発点に立てます。問題を少しでも自分で引き受け、改善できれば、それは自分で自分をコントロールできたということになり、自信につながります。この繰り返しが自己肯定感を育てて、自分を好きになるという望ましい循環に入ることができるのです。

自己嫌悪のメカニズムを知ることは、「自分の愛し方」を知ることにつながります。自分を愛するとは、自分を他人と比較せず、優劣や善悪で判断せず、自分が経験するすべてを引き受けて味わうことなのです。

心の強さのものさしとなる3要素とは？

自己肯定とは、人間賛歌であり、どのような状態の自分であっても「これでいいんだ」とOKを出すことです。まず、今の自分をジャッジすることなく、引き受けること。それは、とりもなおさず、自分を尊重し、他人を尊重し、すべてを尊重することです。

自己肯定は心理学で言うところの「心の強さ」の3要素の1つです。

1つめは、「人間関係」。つまり、信頼できる仲間がいるということです。2つめは、「自己肯定」。つまり、自分が好きで自信がもてているということです。3つめは、「自己調整」。つまり、自分の思考や感情をコントロールできるということです。

この3要素は、成長段階を選ばず、大人にも子供にも当てはまります。トラウマを受けると、この3要素が崩れ、大人の場合は人と関われない、自信がもてない、怒りを制御できない、という弊害が生まれます。子供の場合、友達と仲良く遊べない、不安が強い、かんしゃくを起こすという変化が見られます。

トラウマから回復し、心を強くするために、まず最初は、否定されたり、強要されたり、責任を負わされたりしない、安心で安全な人間関係を確保することです。

次に、その関係の中で本音の自分や、傷ついた自分を出すことです。

最後に、信頼できる人を尊敬し、友達となることです。

あなたは、今のあなたで十分なのです。なぜなら、あなた本来の力はあなたの中にすでにあるからです。心を強くすることで、その力を外に出していけばいいのですから。

「自己肯定感」が低い人の特徴①
―マイナス感情が強い

ここからは、自己肯定感の低い人に見られる代表的な特徴をいくつか挙げてみましょう。まず1つめの特徴は、「マイナス感情が強い」こと。

自己肯定感の低い人たちは、心の根底に不安や恐れを抱いて生きています。76ページでも紹介しているヤギコーチによれば、「そういった不安や恐れが、罪悪感、孤独感、無価値感などのマイナス感情を植えつけ、自己肯定感を下げるのだ」そうです。

罪悪感、孤独感、無価値感などのマイナス感情が強い人たちには、私もこれまでたくさん出会ってきました。私の専門の1つであるHSP(Highly Sensitive Person＝敏感過ぎる人）にも、マイナス感情が強く、自己肯定感をもてない人たちがたくさんいるのです。

自己肯定感がもてなくなる要因としては、「生まれつきの気質」「子供時代の親との関係」「育つうえでのトラウマ体験」などが考えられます（詳しくは第2章で解説します）が、子供は8歳頃から変わり始め、10歳頃にはそれまでとは違った性格に変化していきます。天真爛漫だった子も、その頃から明るさが消え、不安や恐れの感情が強くなっていきます。

小学校4年生くらいまでは明るく元気だったのに、一気に不安の塊でいっぱいになり、フラッシュバックなどを起こす子がいます。「学校の雰囲気になじめない」「友達が作れない」など、考えられるきっかけはあるものの、それだけでは説明できないほどの急激な変わりように、いったい何が起こったのか、なぜそんなことになるのかがわからず、親も困り果ててしまう……ということが少なからずあるのです。

その現象を医学の世界では「10歳の壁」と呼んでいます。10歳というのは、「主観の世界」から「客観の世界」への入り口といわれています。それまでは、よい意味で自分の主観の世界にいられたのに、急に客観の世界が現れて、いろいろなものが見えるようになる時期なのです。また、性ホルモンの分泌が盛んになり、心と身体が子供から大人になる、その変わり目であるといわれます。また、学校の勉強においても学習量が増え、学習レベルが上がる時期でもあります。この変わり目の時期に、心と身体が成長し、自己肯定感が一気に上がっていく子もいれば、逆に不安と恐れに押しつぶされ、自信を失い、感情も乱れて、自己肯定感を下げる子もいます。

「自己肯定感」が低い人の特徴②
—気が弱く、抑制や承認欲求が強い

前項に続いて、自己肯定感の低い人の代表的な特徴を挙げていきましょう。

特徴の2つめは、「気が弱く、自信がなく、消極的である」こと。そのため、自己主張することなく、静かに、控えめに、絶えず謙遜しています。ただ、消極的な性格の人も、心の中をのぞいてみると3つの型に大別できます。「感情や思考や感覚がまったく湧いてこない」ブロック型、「言いたいことがいっぱい浮かび過ぎて、一言で言えない」ハイパー型、そして「相手にどう思われるかわからないから黙っている」フリーズ型です。外からは同じように見えても、実は中身が違うのです。

特徴の3つめは、「抑制が強い」こと。不安や恐れが強く、相手の気持ちを忖度《そんたく》し、自分の気持ちを抑えてしまうのです。

自分を知るための<人生の三角形>

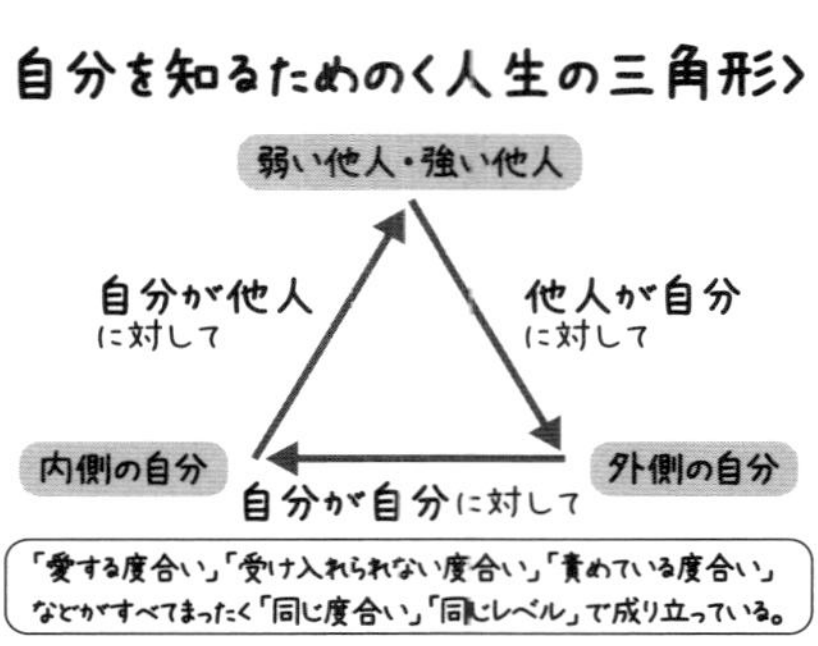

『自分を愛して！』『五つの傷』（いずれもハート出版）などの著作をもつスピリチュアルマスター、リズ・ブルボーさんが「人生の三角形」という考え方を提唱しています。人間関係を考える際は、相手と自分の関係だけでなく、表と裏の自分の関係も入れて考えるとよいのだそうです。表の自分が裏の自分に対してマイナス感情を向けてばかりいれば、裏の自分に溜まったマイナスは、結局行き場を失って外にあふれ出し、自分より弱い他人に向けられます。おとなしかった人が、あるときを境に急に攻撃的になったりするのは、そのためです。裏の自分が他人に対して向けたマイナス感情は、ブーメランのようにひと回りして、自分より強い他人から攻撃となって戻ってくるのです。

特徴の4つめは、「承認欲求が強い」こと。子供の頃に親や世間に自分の欲求を満たしてもらえず、欲求を抑え込むクセをつけたために、相手に確かめずに、相手の心を勝手に推し量ってしまうところがあります。「鏡の法則」という有名な法則があります。「自分と他人の心は合わせ鏡で、その鏡には自分の姿ではなく、自分の心が映るのだ」という考え方です。特に、自分が潜在的に自己嫌悪していた部分が映りやすいのだそうです。例えば、「小さな頃に親に叱られて、自分のやりたいことをできなかった人が、自分の子供を褒めずに叱る」などは典型例です。「自分だって甘えたかったのに甘えられなかった」という思いが、そうさせているのです。

自己肯定感の低い人が陥る心身の不調とは？

自己肯定感の低い人は、どのような心身の不調に陥りやすいのでしょうか？　神経セラピストの浅井咲子先生の言葉なども借りながら、解説していきます。

通常、人は「興奮状態＝交感神経優位＝アクセル」のモードと「リラックス状態＝副交感神経優位＝ブレーキ」のモードを交互に繰り返し、波を打ちながら生活しています。その際、その波が適正な範囲内におさまるよう、ブレーキとアクセルでうまく調整しているのです。

ところが、自己肯定感の低い人は不安や恐れを抱えながら毎日を生きています。にもかかわらず、「頑張らなきゃ」という気持ちが強く、無理をしてしまいます。常に緊張状態・興奮状態、いわば慢性的な高ぶり状態にあるのです。これを専門用語では「高止まり」と言いますが、この状態が続くと、とにかく神経が休まる暇がないので、不安、不眠、パニック、発作などが起こりやすくなります。

「高止まり」の状態が進むと、背側迷走神経というう急ブレーキがかかり「切り替わり」「シャットダウン」という状態に陥る危険性があります。うつ、疲労、低緊張、抑うつ状態、無気力、無関心など、何をするにも気力が湧かず、動けない状態になってしまうのです。

さらに恐ろしいのは、アクセルとブレーキを両方踏み込んだ状態でいると、高止まりとシャットダウンを急速に繰り返す「調整不全」「ロックアップ」という状態に陥ります。身体がこわばったかと思えば、すぐに動かなくなる、よい気分になったかと思えば、すぐに不安が襲ってくる、下痢になったと思ったら便秘になる……といった相異なる症状が繰り返され、慢性疲労状態を引き起こします。

調整不全状態（過緊張と過興奮を繰り返している）

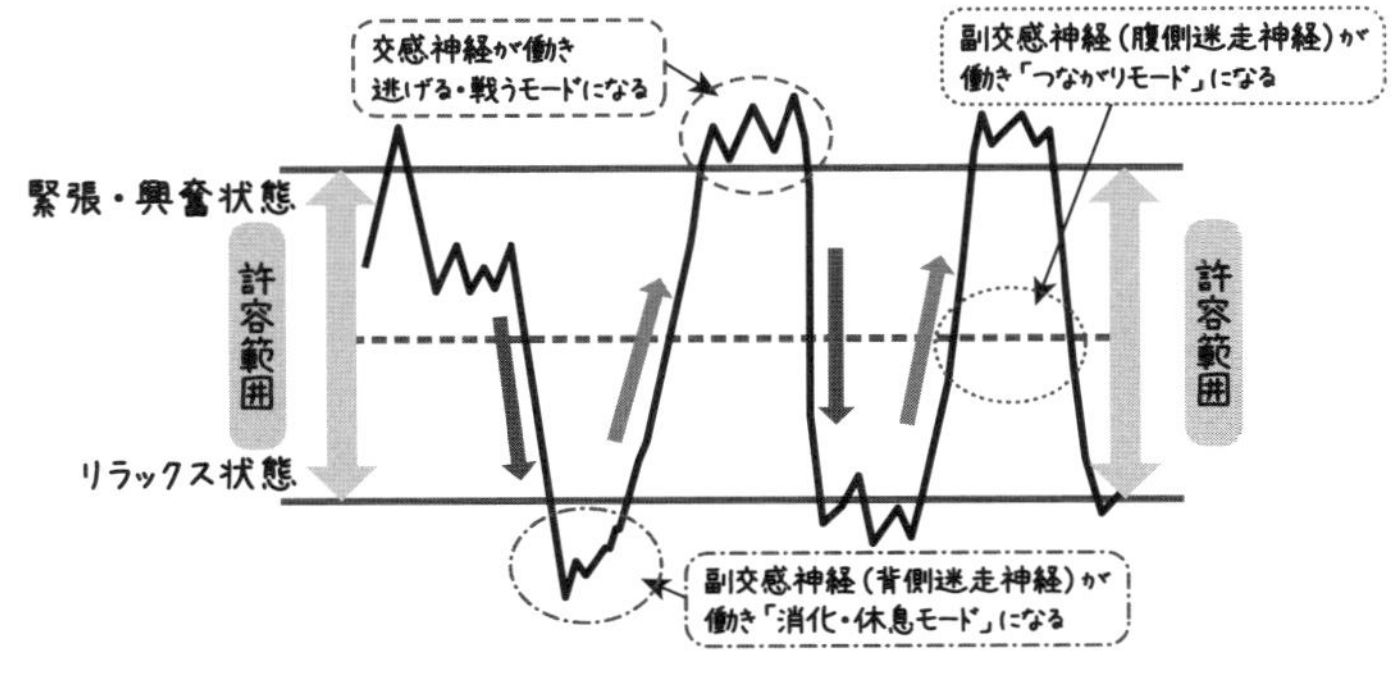

「自己」とは何か？
その❶

そもそも「自分」って何だろう？

「自分」という情報は、「自分」という本質ではありません。ほとんどの人が、自分の身体が「自分」だと思い込んで、身体がない「自分」を想像できません。あるいは、「我思う、ゆえに我あり」の我という意識を「自分」だと思い込み、物質や意識を超えた本質的な存在である「自己」を忘れて生きています。

人は、国、家族、能力など変えられないものをもって生まれてきますが、それは料理でいえば与えられた素材なのです。自分の目標や意欲、努力や工夫で素材を生かしたそれなりの自分を作れるのです。

多くの患者さんの変わる姿を経験する中で、私が痛感したのは「人は変われる」「発達障害は発達する」「人は苦手に挑戦する」「人は内面から変わる」などでした。変えられないと思い込んでいた気質や性格や能力や症状や身体が、育て方や使い方や考え方によって変わる（反転する）姿を目のあたりにしてきました。

好奇心そのままに、疑うこともなく、あるがままに人を引き受けたときに、科学の常識では説明のできない不思議な現象に出会い、私はそれを信じて発表してきました。そんな流れの中で、非二元論という新しい考え方に触れ、目の前の現象や自分という存在、目に見えないモノさえもがすべて幻想であるらしいと気づくことができたのです。

精神科臨床で診察する人たちの生きづらさや困り感について、「ＨＳＰ（敏感過ぎる人）」や「発達性トラウマ」に加えて「自己肯定感」という視点で見たときに、「自分がない」という問題に突き当たりました。それには自我（エゴ）や自己愛と同様に、いい意味と悪い意味が付加されており、状況や生かし方で強さにも弱さにもなり得ることがわかりました。

他人と比べたり普通と比べると、自分が「ない」と思えることでも、他人と比べたり普通と比べなければ、自分が「ある」ことに気づきさえすれば、「今」がどんな自分でも自己肯定できます。自分は自分の思いと努力で変えていけるという明るい見通しさえ得られれば、あとは未来に向かって小さな一歩を踏み出すだけなのです。

自己肯定力チェックテスト

今のあなたの自己肯定感がどの程度かを測るテストです。
当てはまる項目にチェックを入れてください。

□：自分のことが好きだ。
□：自分は親や家族から大切にされていると思う。
□：自分は社会で必要な存在だと思う。
□：自分は行動力があるほうだと思う。
□：自分の能力の中で自信をもっているものがある。
□：人前で話すとき、過度な不安や緊張をしない。
□：何でも人並みにできると思う。
□：イヤなことがあっても前向きに考えることができる。
□：誰でも自分の価値観や意見をもつ権利があると思う。
□：他人の幸せに嫉妬せず、素直に喜べる。
□：他人の失敗をいつまでも責めず許すことができる。
□：明確な目標をもち、目標に向かって行動している。
□：他人からの悪口や批判をあまり気にしない。
□：人が多いところに行くこと、知らない人と交流するのが好き。
□：自分の人生に満足している。

［該当する数］
15〜11個：今のまま自己肯定力を高めていってください。
10〜6個：自己肯定と自己嫌悪を繰り返す，不安定な状態です。
5〜0個：生きることに苦しさを感じやすい状態です。自己肯定感を上げましょう。

出典：http://yagi-coach.com/mindset/sentouryoku-ageruhouhou/#i-2

第2章

成長過程で作られた「思い込み」が原因だった!?

無関心な父親と過干渉な母親
典型的な昭和のサラリーマンで
仕事人間だった父
私が生まれたときは接待麻雀の途中で連絡がつかず
朝になってから駆けつけたらしい
父に面と向かって怒りを向けたことのない母もこのときはさすがに責めたとか
……これも仕事なんだよ
たいへんな難産で衰弱し切っていた母は
そこから言い返す気力もなかったらしい

このやりとりが原因なのかはわからないが
もともと子供が苦手なことも手伝って
父はますます家庭から遠ざかり
仕事へ情熱を傾けていった
そして物心つく頃には私と母はいつも2人きりで過ごしていた
何度も聞かされたのは
サッちゃんはお母さんの味方よね？

コクリ
私がうなずくと母はホッとしたような表情をして泣くのをやめるのだった
子供心に「母の言うことに同意する」と母は悲しまないのだと理解した
やがて自分の気持ちよりも母の気持ちを優先することが当たり前となっていった
母の選んだ服
母の選んだお菓子
芋スティック
無添加ビスケット
母の選んだ本
マンガ
勉強が好きになる!

母は私に
同意を求める
聞き方しか
しないので
これがいいよね？
時折
息苦しさを
感じることも
あったけれど
うん
私が意見して
母を悲しませるのは
いけないことだと
思っていた
ある日
クラスメイトから
クリスマス会に
誘われて

○○ちゃんちでね クリスマス会 するんだって
プレゼントって 何がいいかな
よそのお家に 大勢でお邪魔 するなんて よくないわよ
サッちゃんは お母さんと2人で クリスマス会 しようね
うん
母のことを思って それからは クラスメイトからの 行事ごとの誘いを 断るようになり
HAPPY BIRTHDAY

クラスでも浮いた存在になった
おれんちいくひとー
はーーい
仲間外れはいけませんよ
みんな仲良くしてね
クラスメイトも意地悪のつもりはなく
私のことは「1人が好きな変わった子」という認識だったんだと思う
は――い
さよなら
私は先生の誤解を解くこともクラスメイトに謝ることもうまくできず

さらに孤立を
深めて
私がいけないんだ
という気持ちを
強めてしまう
おかえり！
遅かったじゃない
心配したのよ！
ごめんなさい
これね
お母さんに

あら
ありがとう きれいね
……
親の反対 なんか関係 ない！
もう 結婚して 何年目 なんだ
子供は まだ なのか？
専業主婦で 何もしていないん だから…

せめて家の中のことくらいねぇ…
気が利かないから心配だわぁ…
ちら
はい
……
ガチャン
うい…
帰ったぞぉぉぉ
あら
女の子？

次は男の子よね
じわ
お母さん？
何でもないのよ
さ 帰りましょ

「生まれもった気質」や「成長過程でのストレス」が原因となる

自己肯定感の低い自分から脱却するには、まず自己肯定感について「知る」というプロセスが重要だと私は考えます。そこで、この第2章では、自己肯定感の低さが何に由来するのかを考えていきます。

自己肯定感が著しく低くなる要因として、大きく2つのことが考えられます。

1つは、「生まれもった気質」です。

拙著『コミックエッセイ　敏感過ぎる自分に困っています』（宝島社）でも触れましたが、HSP（Highly Sensitive Person＝敏感過ぎる人）には、自己肯定感の低さで悩まされる人が数多くいます。日本人の子供には自己肯定感をもてない子が圧倒的に多いのですが、これは思いを主張することを抑えられ、人に迷惑をかけてはいけないと育てられる文化と関係しているように思います。遠慮と配慮という独特の価値観を生み出した背景には、敏感さや繊細さという日本人気質があると私は考えています。

もう1つは、「成長過程に受けたストレス」です。

幼少期の育ちの中で受けた心の傷のことを「発達性トラウマ」と呼びます。ショッキングな出来事で受けた心の傷が残ったままになっていると、トラウマ体験の記憶からくるマイナスの思い込みが潜在意識の中に観念（スキーマ［64ページ参照］）を形成し、自己肯定感をもてなくするのです。両親や教師から暴力や暴言を受けた、両親のケンカにさらされた、両親に愛情を注いでもらえなかった……などはトラウマ体験の典型例です。

人間は、胎児の頃からすでに外部から情報を取り入れているので、母体がストレスや衝撃にさらされたときに、胎児はきゅっと身体を固めて身を守ります。これを「恐怖麻痺《まひ》反射」と呼びますが、誕生後も恐怖麻痺反射が残ってしまう人がいます。そういう人のもつ特徴とHSPのそれがよく一致しています。

ちなみに「自己肯定感が低くなる原因は、遺伝か？　環境か？」という議論がありますが、「遺伝も環境も」どちらも大きく影響すると考えられています。これは、遺伝子が発現するかどうかが問題であるとする「エピジェネティクス」と呼ばれる学問の研究成果によるのですが、リスクのある遺伝子をもった人でも、よい環境で育てばリスクが発現せず、逆に、よい遺伝子をもっていた人でも、ハイリスクな環境で育つとリスク遺伝子が発現するようになってしまうということがわかってきました。

大きな出来事だけでなく、小さな出来事が原因になることも

文部科学省のサイトなどによれば、人間の生命や存在に影響を及ぼす強い衝撃のことを「外傷性ストレッサー」と呼び、外傷性ストレッサーによる体験を外傷（トラウマ）と呼ぶ――とあります。外傷性ストレッサーには、次のページの表のような出来事があります。

たしかに、このような強烈な衝撃は心に大きな傷を与える可能性が十分にあります。しかし、日常生活の「何気ない関わり」の中の小さな出来事が、トラウマになることも少なくないのです。

幼い子供は誰かに拒絶されたり、見捨てられたり、馬鹿にされたり、裏切られたり、いじめられたりしたときに深く心を傷つけられ、小さなトラウマを重ねていきます。それによってできた心の歪みが思い込み（スキーマ）となり、それ以降の子供の行動を条件づけていきます。

「事実そのもの」よりも「子供の頃のあなたがどのように受け止めたか」が本当の現実な

のです。

例えば、「妹のほうがひいきされている」事実があった場合。子供の頃のあなたが「妹はあんなにかわいがられているのに私だけいつも怒られる」と受け止めたのか、「妹は要領がいい子だから、ま、仕方ないか(笑)」と受け止めたかで違った現実になるのです。

子供の思い込み次第で、ちょっとしたことでも本人にとっては非常に大きな出来事になる可能性があるのですから、ショックを受けた相手に対して他人が「そんな小さなことでクヨクヨするな」と言うのは、人それぞれが受け取った現実の違いをわかっていないということです。

外傷性ストレッサー

これらの体験を外傷(トラウマ)と呼ぶ

自然災害	社会的不安
地震、火災、火山の噴火、台風、洪水	戦争、紛争、テロ事件、暴動
生命などの危機に関わる体験	喪失体験
暴力、事故、犯罪、性的被害	家族、友人の死、大切な物の喪失

固まってしまった経験が、トラウマ記憶となって心の奥に潜む

では、なぜショックな出来事がトラウマ記憶となってしまうのでしょうか？　それは、その出来事に直面した際に動物としてのストレス反射・反応が未完了のまま滞ったからです。

同じ危機に直面した場合、『何もしないで固まって震えていた人』と『危機に立ち向かってそこから脱出した人』とでは、トラウマの形成がまったく違うということが明らかになっています。

例えば、夜道で知らない人に突然襲われるという、非常に怖い体験をしたとします。そのときに「きゃー」と叫んで逃げ延びて「非常に怖い思いをした」と家族に話したりできれば、トラウマにはならないのです。「その場で固まってしまい、何もできなかった」という圧倒的な恐怖感や無力感を伴う体験が未完了のトラウマ反応として「トラウマ記憶」となってしまうのです。

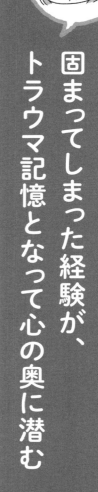

幼い子供がトラウマ記憶を抱えやすい理由は、大人に対して圧倒的に無力な存在だからです。子供は親から虐待されても客観の世界がわからず自分のせいだと感じてしまい、黙って耐えるしかないのです。そうやって積み重ねられたトラウマ記憶がマイナス感情のマグマとなり、子供の心の中に潜在します。やがて、8歳を過ぎた頃から何かをきっかけに外に噴出し始めます。

私が経験した家族のケースでは、父親が母親を暴言・暴力でひどい目に遭わせていた光景を、2歳の頃まで子供がずっと陰で見ていました。母親は子供を連れて逃げ、父親と縁を切りました。しかし、おとなしかった子供が、3歳を過ぎた頃に突然、別人格のようになって「てめえ殺すぞ、死ね！」といった口汚い言葉を母親に言うようになったのです。また、夜な夜な悪夢にうなされ、泣き叫ぶ日が続きました。

無力で小さなその子は、加害者である父親の言動をいやおうなく取り込むしかなかったのです。その結果、おとなしく優しい子供の心の中に、本来その子のものではない記憶が刷り込まれたのです。

プラスの記憶よりも残りやすい マイナスの記憶が、負のスパイラルを生む

人間の脳内には、コミュニケーションや社会生活を送るうえで重要な働きを司る「社会性脳」と呼ばれる次のページの表のような5つのネットワークがあります。

脳は、進化的に「脳幹《のうかん》―大脳辺縁系《へんえんけい》―大脳新皮質」という3つの層で成り立っています。

①の「恐怖の回路」の中心的な役割を果たすのが、脳の中の「扁桃体《へんとうたい》」という部位です。扁桃体は情動脳と呼ばれる大脳辺縁系の回路の中にあり、感覚情報にマイナスの意味づけを行うとされています。記憶を司る「海馬《かいば》」や自律神経の中枢である「帯状回《たいじょうかい》」「視床《ししょう》」「視床下部」ともつながり、人間のストレス反応を調整しています。

プラス感情を伴った経験よりもマイナス感情を伴った経験のほうが記憶に残りやすいのは、この扁桃体が関係しています。不安や恐怖といったマイナス感情は、危険やストレスから身を守るために必要だからです。

通常、恐怖の回路は、物事をポジティブに解釈する前頭葉の発達により20歳頃までには

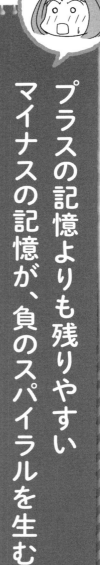

コントロールできるようになっていきます。けれども、幼い頃に辛い経験をし、脳が強いストレスにさらされると、恐怖の回路が過剰に活動し、マイナスの思い込みが作られていきます。

その結果、「マイナスの思い込みが強い↓マイナスの結果を呼び込む↓失敗と捉える……」という、まさにマイナスのループに陥ってしまいます。

「社会性脳」5つのネットワーク

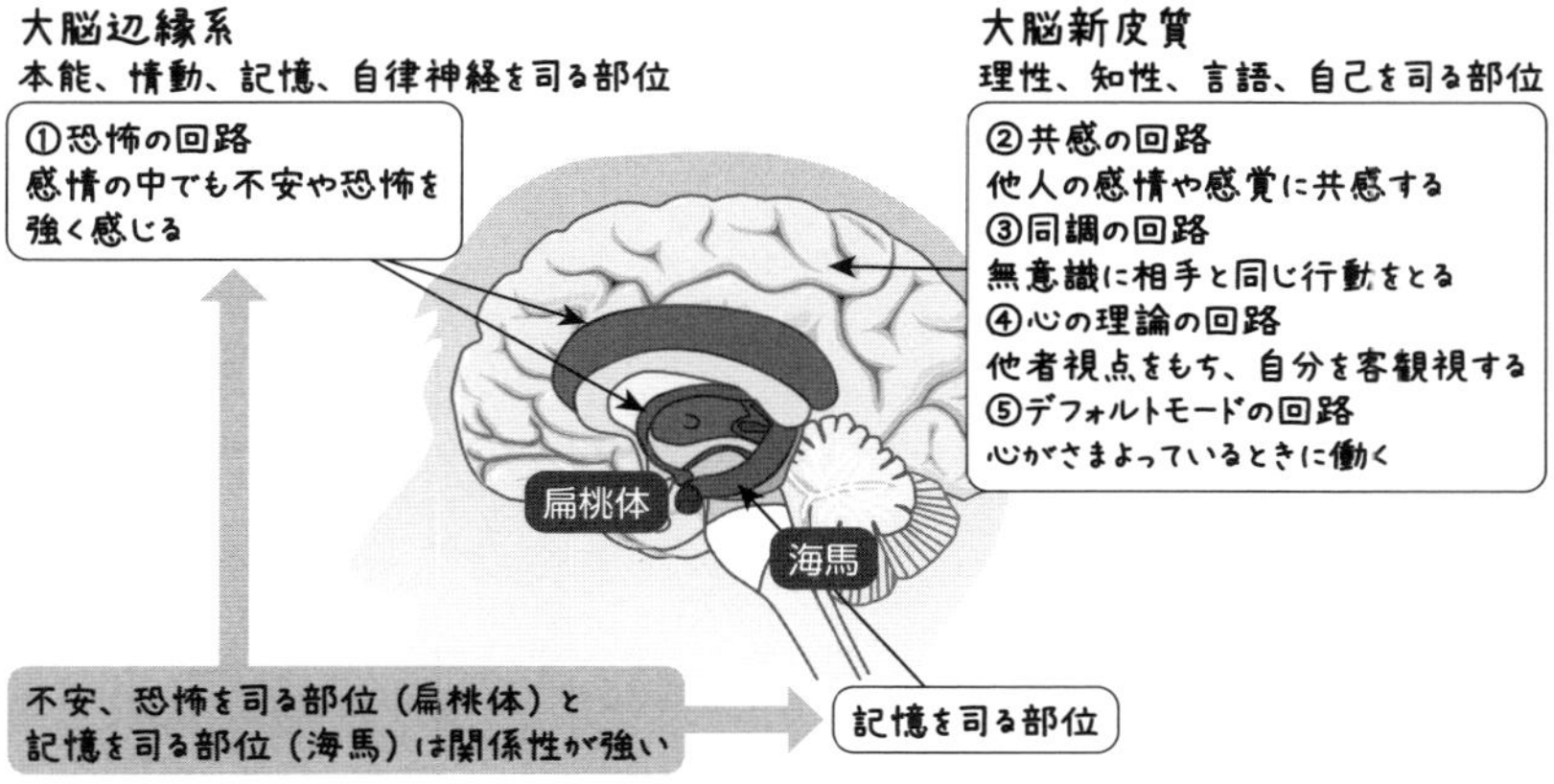

刷り込み、植え込み、思い込みによる「スキーマ」が強い影響力をもつ

潜在意識（無意識）と顕在意識（自覚できる意識）の割合は「9：1」といわれています。その関係性を表すのに、よく氷山の絵が使われます。実は、顕在意識よりも潜在意識のほうが、あなたの自己感に強い影響力を与えています。

私たちの潜在意識を構成しているのは、生まれる前の胎内から現在に至るまでの経験から刷り込まれたスキーマという観念（思い込み）なのです。スキーマとは心理学用語で「意識することもないほど、自分の心の中に染みついている約束事」を指します。認知行動療法の1つとして、アメリカ

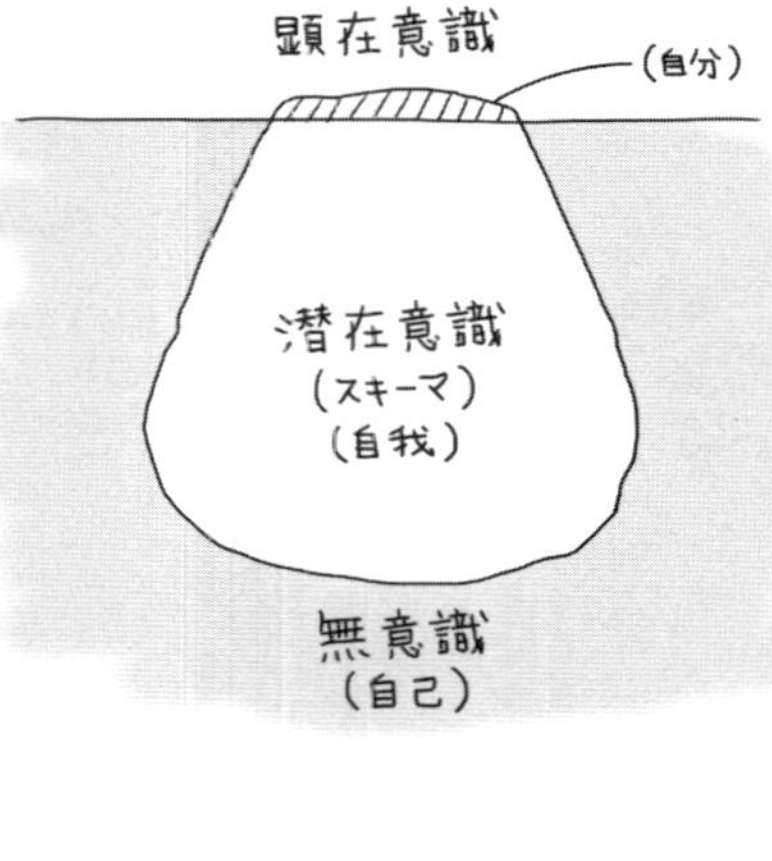

の心理学者ジェフリー・E・ヤング博士が「スキーマ療法」を提唱し、スキーマという言葉が注目を浴びるようになりました。

5歳頃までに刷り込まれた約束事はその後の人生を支配していきます。そして、人は、その人独自のスキーマを通して環境や身体からのあらゆる情報刺激を解釈することになります。

自己肯定感の低さに悩む人の多くは、不安や恐怖からくるマイナスのスキーマをもっています（マイナスのスキーマについては次項で詳しく説明します）。

例えば、幼い頃、着替えや食事などがうまくできなかったときに、親から「なぜできないの？」と叱責《しっせき》されたとします。子供は親を困らせたくないので、その子の中には「失敗してはいけない、言うとおりにやらなければいけない」という思い込みが生まれる可能性があります。

このような「ありのままの自分でいてはいけないのだ」というマイナスのスキーマをたくさんもっていると、物事を否定的に捉えたり、感情を抑制したり、完璧主義になったりして、自分を責めるようになっていきます。不安や恐れが、子供に自己否定感などのネガティブ感情を植えつけ、自己肯定感を引き下げてしまいます。

私たちに影響を与える「18のスキーマ」とは？

では、マイナスのスキーマにはどんなものがあるのでしょうか？　ジェフリー・E・ヤング博士は、5つのスキーマ領域からなる18のスキーマを提唱しています。

5つの領域とは「断絶と拒絶」「自立性と行動の損傷」「制約の欠如」「他者への追従」「過剰警戒と抑制」です。この中に、18のマイナスのスキーマがあります。

自己肯定感の低い人に多く見られるスキーマの1つに「見捨てられ／不安定スキーマ」があります。幼い頃、「愛してもらいたい、守ってもらいたい」と感じていたのに、その欲求が満たされなかったことで、「自分は見捨てられる」という思い込みを、無意識のうちにもってしまったのです。

また、「依存／無能スキーマ」もよく見られるスキーマです。「お前には無理だ」「そんな危ないことをするな」などと言われて育つことにより、「自分は無能だ。自分の力では何もできない」という思い込みを抱いたまま成長していってしまうのです。保護者である親が、我が子を「弱い存在」としてみなし、支配することで、自分に保護価値を見出そうとする無意識の意図が動いているケースが見られます。

胎児や赤ちゃんは、危険やストレスから保護され、身体や心の欲求を満たされながら安心・安全の中で育ちます。最も信頼できるはずの親からひどい仕打ちを受けることで形成されるスキーマは、「他人＝自分を裏切る人」という捉え方をさせるようになります。相手は自分を裏切る、ひどい目に遭わせる……という過剰な警戒心が生まれ、他人と健全な人間関係を築けなくなってしまいます。

18のスキーマ

スキーマ領域	スキーマ	内容
断絶と拒絶	見捨てられ／不安定スキーマ	見捨てられる
	不信／虐待スキーマ	苛められる、拒絶される
	情緒的剥奪スキーマ	愛情、共感、保護を与えてもらえない
	欠陥／恥スキーマ	生まれつき欠陥のある人間だ
	社会的孤立／疎外スキーマ	仲間外れで孤独だ
自立性と行動の損傷	依存／無能スキーマ	自分の力では何もできない
	損害や疾病に対する脆弱性スキーマ	病気、ダメージ、事故に対して無力だ
	巻き込まれ／未発達な自己スキーマ	常に従い、期待に応えなければならない
	失敗スキーマ	常に失敗する
制約の欠如	権利要求／尊大スキーマ	何でもほしいままになる
	自制と自立の欠如スキーマ	自制、忍耐、責任を負うことが無理だ
他者への追従	服従スキーマ	服従しなければならない
	自己犠牲スキーマ	犠牲にならなければならない
	評価と承認の希求スキーマ	常に評価や承認を求めなければならない
過剰警戒と抑制	否定／悲観スキーマ	常に悲観的な予測どおりになる
	感情抑制スキーマ	感情をもったり表現してはいけない
	厳密な基準／過度の批判スキーマ	常に完璧でなければならない
	罰スキーマ	罰を受ける

歪んでしまった自我（エゴ）を自分自身だと思い込む

エゴ（ego）はラテン語で「私」を表し、心理学では「自我」、日常的には「自己中心」を意味します。「自己愛」という言葉と同様に、自分を守るというよい意味と自分を守り過ぎるという悪い意味があります。

赤ちゃんは、子宮の中では母親と完全に一体化しており、成長することだけを目的に無条件で生きている状態でいます。赤ちゃんや子供の時代は、未熟で弱いため、環境や人から自分を守るためには自己保存のための自動調整機能である自我（エゴ）が絶対に必要なのです。そうでなければ完全に無防備となり、環境や人の言いなりになります。

人は、自分と他人を区別するための境界線を築き、自分を優先して考える自分軸を立てて、自我の欲望を膨らませて成長します。やがて自我の内面に意識を向けるときがきて、欲望の自我を超えた「真の自己」の存在に目覚め、内面的にもっと豊かになること、もっと愛にあふれること、もっと自分を輝かせることをめざすときがきます。そのときがきたら、それまでの自我の殻を破り、内面から芽吹く真の自己を大きく成長させることが必要になりますが、それでもなお自我に縛られていると歪んだ成長になってしまいます。

子供は、生き延びるために、親に好かれるための自分を作り始め、自分を親や世間にとっての「よい子」と「悪い子」に分裂させます。本来であれば「よい子」も「悪い子」も等しく同じように認めてもらえ、大切にされることが大事なのですが、親と世間からは「よい子」のみを求められることがほとんどです。

子供は親や世間に愛されたい、認められたい、理解されたいために懸命に生き、5歳までには「どうやって生きればよいか」についてのほとんどを決めてしまいます。親や世間の期待に沿うと決め、本当の自分の思いを飲み込んでしまいます。こうして生まれた「よい子」が、「悪い子」を遠ざけ、仮面の自分を作り出して成長するのです。そして、「ほら、やっぱり自分は……」と、自分のネガティブな信念の正しさを証明するような出来事に出合っていくのです。

人は誰かに拒絶されたり、見捨てられたり、馬鹿にされたり、裏切られたり、いじめられたりしたときに、深く心を傷つけられますが、それによってできたスキーマ(思い込み)を自分自身だと捉え、それによりその後の行動が条件づけられてしまうのです。

かまい過ぎる親の「やさしい虐待」が増えている

「やさしい虐待」という言葉があります。「愛情という名のもとに起こる過保護や過干渉」のことで、特に母親に多く見られます。

やさしい虐待は、敏感過ぎる子供と自分を肯定できない母親の間でよく見られます。「あなたのためを思って」という口グセで、自分の価値観を押しつけて、子供を自分の意のままに操ろうとしてしまうのです。

「○○ちゃんは、よい子だからそんなことしないよね」という言葉の裏には「それをしたら怒るよ」という意味が隠されているのですから、「そんなことしたらダメでしょ」と言われているのと同じです。無言の同調圧力で、子供を支配しているのです。

敏感でやさしい子供は、そんな親の顔色を絶えず窺い、「何を期待されているのか？」を読み取り、願望を満たそうとします。恐怖の中で言葉には出さず、表情や雰囲気で状況を察して行動することが多くなり、大事なことをはっきり言語化することに大きな不安を感じるようになります。

やさしい虐待の問題が根深いのは、その親自身も「親に甘えられなかった」「親に自由にさせてもらえなかった」といった、やさしい虐待の犠牲者だった——という「世代間伝達」があるという点です。

子供には二度と自分のような苦しい思いをさせまいと思いながらも、無意識に子供を束縛してしまう母親を責めるわけにはいきません。私のクリニックでは、やさしい虐待をする母親が来院したら、子供のカルテと並行して母親のカルテを作り、母親の発達性トラウマの心理治療を積極的に行っていきます。母親が自分を肯定できるようになると、自然に子供の問題行動も改善していくことが多いからです。

解離や抑圧……今のままの自分ではなかなか気づけない

マイナスのスキーマを作り上げ、自己肯定感を下げてしまうトラウマ記憶は、残念ながら本人ではなかなか気づくことができません。なぜなら、人は辛い記憶へのアクセスを、「解離」や「抑圧」という心理的防衛機能でブロックするからです。

解離は心の外傷によるストレス反応の結果として出現する状態で、周囲が夢のような感じになる、自分から遊離した感じになる、苦痛な出来事が思い出せなくなる、複数の自分がいるように感じるなどの自覚症状が生まれます。

抑圧は、自己保存を目的とする自我を脅かす苦痛な記憶を意識下に封じ込め、思い出さないようにする状態で、思考や感情や感覚を麻痺させ行動を回避させます。トラウマによって感情がブロックされたまま、大人になってしまったのです。

解離や抑圧の症状で悩む人は、普段の自分が気づけない状態で未処理のトラウマ記憶が冷凍保存されています。さまざまな治療法がありますが、共通しているのは、未処理のトラウマ反応を再処理して出させてしまうということです。そのためにはトラウマ治療に習熟した専門家にカウンセリングを受けたり、セラピーを受けたりする必要があります。

脳内神経ネットワークには、大別して外界認識、自己内省、身体意識の3つがあります。外の世界や内面の世界ばかりに自分の意識が引っ張られ過ぎて、過集中や低集中の状態になり、「今、ここ」への集中がおろそかになったときは、身体感覚や感情に意識を集中し、その変化をモニターして言語化するマインドフルネス瞑想が有効です。

マインドフルネス瞑想は、目を閉じて深呼吸をしながら、呼吸や心拍など、身体感覚に集中することで、雑念を無視する、気にとめない、受け流す、やり過ごすという方法です。

解離

心の外傷によるストレス反応の結果として出現する状態

- 周囲が夢のような感じになる
- 自分から遊離した感じになる
- 苦痛な出来事が思い出せなくなる
- 複数の自分がいるように感じる

抑圧

自己保存を目的とする自我を脅かす苦痛な記憶を意識下に封じ込め思い出さないようにする状態

- 思考や感情や感覚を麻痺させ行動を回避させる

知識、心構え、行動 3段階で自己肯定する

Step 2

心構え
（向き合う、引き受ける）

「見たくなかった自分」と向き合い、「そうなんだ」と引き受けることで、人は変わっていけます。どんな自分にもOKを出し、引き受けることができた時点で、すでにあなたの自己肯定感は上がっているはず。さあ、覚悟を決め、今の自分を「反転」させましょう。

Step 1

知識
（知る、気づく）

肉体も心も幻想にすぎませんから、人はいくらでも変われます。また、「現実」の感じ方が人それぞれであるということも覚えておきましょう。過去の体験による記憶で形作られたマイナスのスキーマ（＝思い込み）が、あなたを縛ってきたことに気づきましょう。

Step 3

行動（吐き出す、習慣づける）

あなたの潜在意識の中にあるマイナスのスキーマの束縛から解放され、本音が出せれば、あなたは自己肯定感を上げられます。「心の中にあるマイナスを吐き出し」イメージした未来に向かうための小さな習慣を毎日の生活に取り入れましょう。

心の治療では、第1段階「知識＝知る、気づく」、第2段階「心構え＝向き合う、引き受ける」、第3段階「行動＝吐き出す、習慣づける」といった3つのステップを大切にします。

本書も、まさにこの3ステップに基づいて構成されています。

第1章は「自己肯定感とは何かを知る」章、第2章は「自己肯定感が低くなる要因を知る」章となっています。

このあとの第3章は、「準備段階として、自分自身と向き合い、自分自身を引き受けるための具体的な方法を提案する」章です。そして続く第4章は、「自己肯定感を上げるためにとれるアクションを紹介する」章となっています。

「自己」とは何か？ その②

人間の肉体も心も「幻想」にすぎない

人はいつでも望む自分に変われる。そう考えるうえで非常に大きな説得力をもつのが、量子物理学の「肉体も心も幻想にすぎない」という視点です。

それをわかりやすく解説してくれているヤギコーチ（ikiruimi.jp/profile/）と名乗る若者にネット上で出会いました。自己についての深い洞察を語った動画を、YouTubeで無料配信（http://yagi-coach.com）してくれています。

彼はある出来事をきっかけに、他人の痛みを自分事として考える機会が増え、生きる意味を深く考えるようになりました。スピリチュアル、心理学、脳科学、量子力学などをむさぼるように勉強しましたが、彼の人生は何も変わりませんでした。「もういい、諦めよう、なるようになればいい」というフラットな境地に入ったとき、いくら学んでもわからなかった答えが脳にひらめいたのです。

それは「運命は意識の映し鏡である」ということでした。

その人の意識がその人の現実を創造している、その人の意識が「本気で信じたこと」がその人の現実世界で確定する、そんなこの世のシンプルな仕組みでした。

私たちの意識は素粒子でできた量子情報であり、死ぬと身体から離れ、宇宙などの高次元につながっていきます。素粒子には、粒と波の両方の性質をもっている（粒子と波動の二重性）、距離と時間には一切関係なくお互いに影響を与え合いつながる（量子もつれ）という不思議な性質があり、これら2つの現象は、観測するという私たちの意識のあり方により確定するので、人間の意識が万物の状態を決定すると考えられています。

私たちの意識が関与するまではすべては無限の可能性として存在していますが、そこに意識を向けることよってそれを1つに確定させているわけです。

確定した存在しか意識できない私たちには、この事実はなかなか理解しづらいのですが、デジタル情報やバーチャル世界を考えると少し理解できるかもしれません。

私たちが感じているものは脳の解釈にすぎない幻想であり、脳が作り出したバーチャルな現実なのです。目の前の現象を、どのように意識し解釈するかで、一人ひとりにとって違った現実となります。

64ページでも示したように、潜在意識（自覚できない意識）と顕在意識（自覚できる意識）の割合は9：1といわれており、自分が望んでいないことばかりが起きるのは、私たちの顕在意識ではなく潜在意識が原因しています。10％の顕在意識が働いても、残りの90％の潜在意識で打ち消されてしまうわけです。

第3章

見たくなかった自分を見て、そのまま引き受ける

自己肯定感が低い理由と向き合う

○○メンタル
クリニック
精神科
心療内科
お話ししてくれてありがとうございます
松山さんの場合ネガティブな記憶が原因となって自我を抑え込み
ネガティブな記憶
生きづらさを感じるようになったのだと思われます

え？
記憶が関係あるんですか？
はい
そういった抑圧の影響から
自分の頭の中にいろいろな別人格の自分がいるような感覚をもつ人もいます
別人格
別人格
別人格
マイナスな言葉を投げかけるようなね
あ…
私のことね
今の〝自分〟という意識は過去（記憶）が積み重なってできているんです
記憶
今の自分

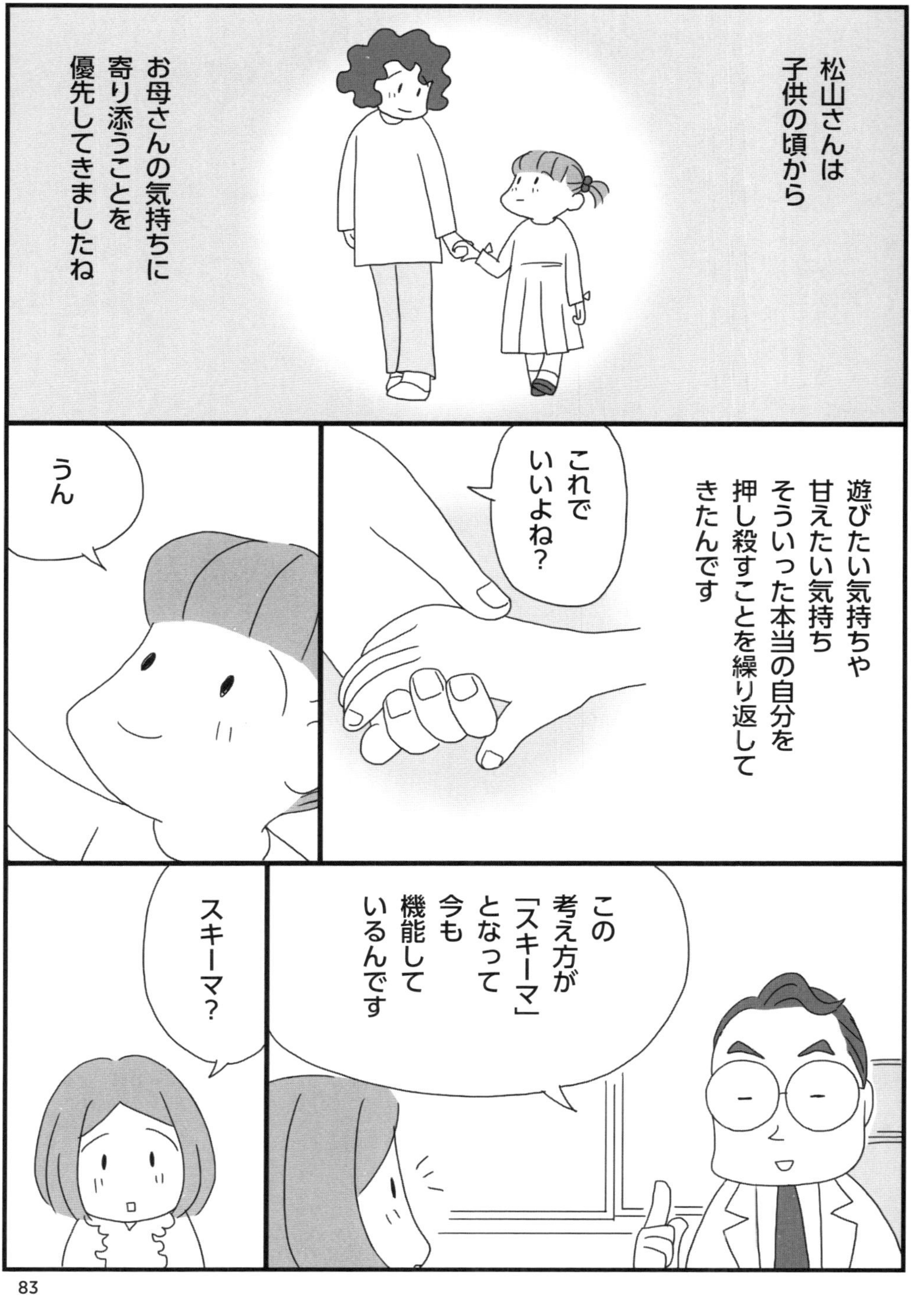
松山さんは子供の頃から
お母さんの気持ちに寄り添うことを優先してきましたね
遊びたい気持ちや甘えたい気持ちそういった本当の自分を押し殺すことを繰り返してきたんです
これでいいよね？
うん
この考え方が「スキーマ」となって今も機能しているんです
スキーマ？

スキーマ
無意識下にある、
心の中に染みついている
約束事
こんなにある
これだけしかない
それぞれのスキーマによって
感じ方が変わる
そうなんですか…
もともと気弱で自信がない性格のせいなのかと…
子供は傷ついてもその環境から逃げ出すことは難しいんです
あなたには絶対無理！

松山さんはもともと気弱ではなく
傷つく自分を守るためにそうしてきたんです
だから自分を責めなくていいんです
自分の考え方にそんなことが影響してるなんて…
自己肯定というのは無理に自信をもつことや強気になることではなく
私はすごい!
私は私
「ありのままの自分を引き受ける」ことなんですよ
気弱で不安な自分を
引き受けるということでしょうか?

なぜ
そうなったのか
原因に目を向けて
向き合うことから
始めてみましょう
具体的には
こういった方法が
あります
・心理検査
（知能検査、発達検査、
性格検査など）を受けてみる
・親への不満を書き出してみる
・親しい人（否定的意見を言わない人）に
話してみる
・嫌いな人、事柄の「なぜイヤなのか」を
考えてみる
は　はい
やって
みます
今の自分が記憶で
形成されているの
ですから
これからの
自分は
意識の
もち方で
変えることが
できます
失敗したことを
結果として
受け止めて
自分を責める
のではなく
失敗
プロセス
成功
成功するまでの
プロセスとして
「これでもいい」と
引き受けられる
ようにね——

親への不満
原因に目を向けて
う〜ん
もくもく

びっしり…
○小学生のころ 友達と遊ぶのを
母から制限された
○欲しい本や着たい服があっても
母に全部決められた
○父に話したいことがあっても ほとんど
家にいなかったので話せなかった
○父と母が仲良くしていないのが辛かった
○母からはいつも心配ばかり
ぐっ
私
パラパラ
こんなに我慢してたことがあったんだ…
今の自分は過去の積み重ね
子供は傷つくことから逃げるのは難しい
自分を責めなくていい
なぜそうなったのかを考える
うわー
先生の言葉がしみる…
ありのままの自分を引き受ける
ゴロロロ

過去の積み重ねが
今の自己肯定感の低い
自分を形成している
……
この頃のお母さんも…
・小学生のころ 友達と遊ぶ
母から制限された
・欲しい本や着たい服があ
母に全部決められた
・父に話したいことが
家にいなかったので
・父と母が仲良く
・母からはいつも
もっと信用
……お母さんも
寂しかったのかな

スキーマを書き換えることで、人は今から変わっていける

第1章、第2章で、「自己肯定感とは何か？」「なぜ自己肯定感が低くなるのか？」といったことをお話ししてきました。私が皆さんにお伝えしたかったのは、「人は、自分でも気づかないうちにスキーマ（＝思い込み）を形作っていて、そのスキーマを通して物事を見ている。あなたが『自分』と感じているものは、スキーマを通して情報収集した『意識の集合体』にすぎない」ということなのです。

アドラー心理学で知られるアルフレッド・アドラーも、「過去のあなたも、今のあなたも、未来のあなたも幻想である。あなたの意識のもち方で、あなたは変わっていける」という主旨のことを述べています。

スキーマは、さまざまなものに例えられます。ある人は「物を見るメガネだ」と言い、ある人は「情報を濾過《ろか》するフィルターだ」と言い、ある人は「情報をキャッチするアンテナだ」と言います。どの例えがしっくりくるかは人それぞれですが、いずれにしても「あなたは、あなたのスキーマを通して日々を生きている」ということなのです。

それは言い換えれば、「これまでのスキーマを書き換えることで、あなたはいくらでも変わることができる」ということなのです。

「えっ？　スキーマは『意識することもないほど、自分の心の中に染みついている約束事』なので、自分では気づきにくいという話なのでは？」とおっしゃる人がいるかもしれませんね。

たしかにそうなのですが、正しい方法をとれば、あなたの中に眠り、あなたを縛っていたマイナスのスキーマに気づくことは十分可能です。

では、あなた自身のスキーマに気づくには、どのような方法があるのでしょうか？　非常に効果的な方法の1つが、「見たくなかった自分を見る」ということです。具体的な方法については98ページから解説していきます。

スキーマを書き換えれば自分は変わる

心の穴を埋めるのではなく、心の穴から掘り出す

「自己肯定感が上がる」という言葉についても、この章で解説しておきたいと思います。

一般的に「自己肯定感が上がる／下がる」「自己肯定感が高くなる／低くなる」といった表現をすることが多いので、本書でも便宜上同じ表現を用いています。けれども、本当は「上がる／下がる」「高くなる／低くなる」という表現は適当ではありません。私の感覚で言えば、お腹の底からワクワクした喜びの感情が「湧き出す」というのが、最もしっくりくる表現だと思います。

自己肯定感がもてず、常に自己否定ばかりしている人は、常に欠乏感があり、「心の中に穴があいている」と感じているかもしれません。その心の穴を埋めようと「あなたの外側から」何かをもってきて、その穴を「埋めよう」としているのではないでしょうか？

そのイメージは、今日からきれいさっぱり捨ててしまいましょう。

その心の穴は、「あなたの喜びの感情の湧き出し口」だとイメージすればよいのです。その穴をさらに掘っていけば、喜びの感情が湧き出してきます。そして、あなたの心は自己肯定感で満たされていきます。

いくつもの習い事や自己啓発のセミナーなどに熱心に取り組む人がいます。その理由が「今の自分には何かが足りない」「このままじゃダメだ」といった気持ちからだった場合、その人の自己肯定感は低い状態にあるといえます。なぜなら、それは心の内側から湧き出したものではないからです。取り組んでいる最中は夢中になれたとしても、その後に訪れるのは無力感や孤独感といった自己否定の感情です。

つまり、あなたを自己肯定する材料は、すでにあなたの「内側に」あるのです。外に探しに行く必要はないのです。

世界的名著『7つの習慣』（キング・ベアー出版）の著者であるスティーブン・R・コヴィー博士も「インサイド・アウト（内から外へ）」――自分自身の内面を変えることから始める――という原則を唱えています。

すべての始まりは、「自分の内側を変えること」にあるのです。

いったん受け取って、手放すイメージが大切

私は、クリニックの受診者に少しでも役立つ情報が手に入れられそうだと感じたら、躊《ちゅう》躇《ちょ》なくさまざまなセミナーや講演会に足を延ばします。

ハワイの伝統療法にも興味があります。あるとき、ハワイの男性フラダンサーの一行が北海道に来ました。その際、私がハワイに古くから伝わる魔法の言葉「ホ・オポノポノ」（141ページ参照）について尋ねたところ、重鎮の1人が「お前に秘伝を教える」と言い、心の悩みから解放される真理について語ってくれました。

その方法とは、

「天（自然）から石を受け取り、重さを味わったら、その石を天に戻すのだ」

というものでした。

重鎮は、

「私たち人間は、それを行っていない。だから、何度も同じ苦しみを味わうのだ」

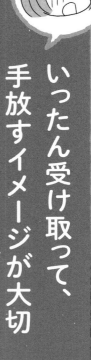

というのです。

私は、「ああ、そうか」と、何となく腑に落ちたように感じました。「私たち人間は、なぜ、いつも、いつも、同じ目に遭うんだろう?」という長年の謎が解けた気がしたからです。同じところでぐるぐる苦しめられるのは、「しっかり引き受ける」「味わう」「元に戻す」というステップを踏んでいないからなのか、と。

私は、前世療法なども行っていますが、あるときテレビに「前世でも、今生でも、男性の暴力でひどい目に遭っている」という女性が出演していました。霊能者の方がその女性にアドバイスしていたのは、「『もう十分に苦しみを味わいました。こういう人生にサヨナラします』と宣言すること」でした。

そして、女性がそのとおりに実行した途端、人生が反転したのです。彼女は、「苦しみはもういい」ときっぱり言い切り、手放すことに成功したのです。

怖がらず、逃げず、向き合うことを決意し、引き受ける

優しくて、敏感で、よく気がつく「いい人」は、イヤなことをされても言い返すことがないので、「弱い人」と思われて、いじめやハラスメントなどに遭いやすいのです。そんなイヤな人を遠ざけるときに、やってはいけないことは、怖がる／逃げる、意識する／刺激する、やり返す／戦う、服従する／呑み込まれる、相手を責める／自分を責めるなどです。

逆に、やるべきことは、自分を強くする（強気になる、イヤだという、自分を肯定する、笑い飛ばす、感情を出す）、相手と距離を置く（離れる、課題を分ける、無視する、気配を消す、安全基地に入る）、

イヤな人、物、事などと仲良くする方法

やるべきこと①	やるべきこと②
・怖がらず逃げない ・刺激せず意識しない ・やり返さず戦わない ・相手を立てる ▼ 「あなたが好きです」 「あなたと同じです」 「あなたの言うとおりです」 「あなたでOKです」という態度	・自分を強くする（強気になる、イヤだと言う、自分を肯定する、笑い飛ばす、感情を出す） ・相手と距離を置く（離れる、課題を分ける、無視する、気配を消す、安全基地に入る） ・現実的になる（状況を分析する、相手を調べる、現実を俯瞰する） ・自分を高める（自然に戻す、善と交わる、感謝する、人の事を考える）

現実的になる（状況を分析する、相手を調べる、現実を俯瞰する）、自分を高める（自然に戻す、善と交わる、感謝する、人のことを考える）などです。

マイナスの強い人や見えない存在などに憑かれやすい人は、相手を怖がってはいけないし、なんとかしてあげようなどとやさしい気持ちはもたないほうがいいし、「私は力になれないので止めて」とキッパリという態度が必要です。とても勝てそうもない相手に襲われそうになったときにも、逃げないで、胸を張って、手足を広げて自分を大きく見せてハッタリをかますのです。

そうはいっても、どうしても避けられないイヤな人、物、事などがあるとしたら、あえてそれと仲良くする方法をとってみましょう。やるべきことは、自分を強くして自分を高めながら、怖がらず逃げない、刺激せず意識しない、やり返さず戦わない態度をとりながら、「あなたが好きです」「あなたと同じです」「あなたの言うとおりです」「あなたでＯＫです」と相手を立てることです。

自分を卑下せずに、自分も相手も立て、自分も勝ち相手も勝つようにもっていくのです。イヤな相手を引き受けることは、自分が負けてやられることのように思えますが、実は、自分の潜在意識の中の恐れや不安を打ち消し、相手を尊敬することになるため、結果的にうまくいく魔法の裏技なのです。

見たくない自分を見るための4つの方法①
―心理検査や医学検査を受ける

「ジョハリの窓」を知っていますか？　サンフランシスコ州立大学の心理学者ジョセフ・ルフト（Joseph Luft）とハリ・インガム（Harry Ingham）が発表した「対人関係における気づきのグラフモデル」のことです。窓は、４つのマトリックスに分かれていますが、ここで私たちが注目したいのは「盲点の窓」、つまり「自分では気づいていないものの、他人からは見られている自己」です。他人を有効活用することで、「自分ではなかなか気づけなかった自分のスキーマ」に気づけるからです。

　では、具体的にはどのような方法があるのでしょうか？　代表的な方法が４つあります。この項では、まず１つめの方法をお伝えします。

「見たくない自分を見るための方法」その①は、「心理検査や医学検査を受ける」です。心理検査、知能検査、医学検査など世の中にはさまざまな検査があります。自分の財布が痛まない程度に、さまざまな検査を受けて、「自分は客観的にどのように診断・判定されるのか？」を知るとよいでしょう。

ただし、このとき注意すべき大事な考え方が2つあります。

1つめは、結果に対して「そんなのは私じゃない」と否定しないこと。否定してしまっては「自分の知らなかった自分を知る」ことにならないからです。「そうなんですね」と、結果を受け止めましょう。

2つめは、1つの結果だけですべてを判断しないこと。よくありがちなのは、「IQ診断で低い数字が出たから自分はダメなんだ」と考えてしまうこと。IQは特性を測る1つのものさしではありますが、それがすべてではありません。IQがあまり高くなくても、他人の気持ちがわかり、生活能力の高い人はたくさんいます。

ですから、「フットワーク軽くいろいろ受けてみて、その結果をそのまま受け止める。だが、1つの結果だけにとらわれてはいけない」というスタンスが大事なのです。

対人関係における気づきのグラフモデル

考案者2人の名前（ジョセフとハリ）から「ジョハリの窓」と呼ばれている

	自分は知っている	自分は気づいていない
他人は知っている	「開放の窓」 自分も他人も知っている自己	「盲点の窓」 自分は気づいていないが、他人は知っている自己
他人は気づいていない	「秘密の窓」 自分は知っているが、他人は気づいていない自己	「未知の窓」 自分も他人も気づいていない 誰からも知られていない自己

見たくない自分を見るための4つの方法②
—親に対する文句を書き出す

「見たくない自分を見るための方法」その②は、「親に対する文句を書き出す」です。

本書でも何度か触れていますが、有名な「鏡の法則」は、心理カウンセラーであり、プロコーチである野口嘉則さんが提唱した法則です。

野口さんは「親との関係は、自分と他者との人間関係に投影される」と言っています。ですから、「あなたがあなたの親のことを本当はどう思っているのか?」を深く掘り下げることは、あなたのスキーマを知る手がかりをくれるのです。

ベストセラーとなった野口さんの著書『鏡の法則』（内容はhttp://coaching-m.co.jp/reportaaa.pdf にアクセスすれば、ＰＤＦで、無料で読むことができます）の中で、父親のことを「許せない」と感じている主人公の女性に、コンサルタントのY氏は次ページの表にある5ステップを踏むように伝えます。

これは、内観療法の1つです。このステップに倣い、あなたもやってみましょう。ステップ③は相手に直接伝えるので、勇気が必要です。けれども、『鏡の法則』の主人公の女性が体験したように、実際に伝えるからこそ、伝えられた相手にも、そして伝えた自分自身にも劇的な変化が起こるのです。

見たくない自分を見る方法
(『鏡の法則』より)

ステップ① 父親に対して「許せない」という気持ちを紙に書きなぐる
「バカヤロー」「コノヤロー」「大嫌い」何でもOK。具体的な出来事を思い出したら、その出来事も書き、「そのとき、私はこんな気持ちだった」と書く。これを気が済むまで行う。

▼

ステップ② 「許せない」と感じていた父親を、自分自身の自由のために許す
紙に「父親に感謝できること」とタイトルを書き、書き留めていく。さらに別の紙を用意し、「父親に謝りたいこと」とタイトルを書き、書き留めていく。

▼

ステップ③ 父親に電話をかけ、感謝の言葉と謝る言葉を伝える
実感が湧いてこなかったら、用意した言葉を伝えるだけでもOK。

▼

ステップ④ 「父親に感謝できること」「父親に謝りたいこと」を、先ほどの紙にさらに書き足す

▼

ステップ⑤ 別の紙を用意し、「父親に対して、どのような考え方で接したらよかったのか?」とタイトルを書き、書き出してみる

見たくない自分を見るための4つの方法③ ―親しい人に聞いてみる

「見たくない自分を見るための方法」その③は、「親しい人に聞いてみる」です。

依存症の人が回復するプロセスの1つとして「相談者、助言者をもつ」というものがありますが、まさにそれと同じ効果を発揮します。前述の「ジョハリの窓」でもお話ししましたが、親しい人は「自分では気づいていないものの、他人からは見られている自己」を教えてくれる最適な人間だからです。

このときに大事なことがいくつかあります。

まずは、相談者の選び方です。あなたのことを見下したり、あなたの言うことを「何を言っているのかわからない」と否定したり、「それは間違いだ」と反発したりする人には相談しないようにしましょう。あなたの言葉をしっかり受け止めてくれる人を選びましょう。

その人に対して「あなたには私がどんなふうに見えていますか？　よかったら教えてください」と真摯な姿勢で尋ねれば、きっと教えてくれるはずです。

また、聞く側のあなたの姿勢も大切です。「相手の言うことをしっかり聞く」というルールは徹底しましょう。意見やアドバイスを求められたから答えたのに「それは違うんじゃないか」などとあなたに反論されたら、相手はあなたに対して心を閉ざしてしまうでしょう。私が心理治療の体系を習得するとき、私の先生がよくおっしゃっていたのは「習うときは自分の考えを入れたらいけない」という言葉でした。自分のスキーマを通して勝手に解釈し、自分流にアレンジし、習ったことと違うことをしてしまう人がいるからです。相手の言ったことを「そうなんだ」とそのまま受け止めて、内容がわからないときには「今、このように理解したんですけど、正しかったですか？」と相手に聞いてみる姿勢を大切にしてください。

見たくない自分を見るための4つの方法④
——嫌いな人の嫌いな理由を考える

「見たくない自分を見るための方法」その④は、「嫌いな人の嫌いな理由を考える」です。

あなたの身近に「この人のこと嫌いだなあ」と感じる人はいませんか？　街を歩いていたり電車に乗っていたりして「こういうことする人イヤだなあ」と思う人はいませんか？

その人のいったい何がイヤなのでしょうか？　その理由を考えてみて、よければ紙に書き出してみてください。

そこに書き出してみた、嫌いな人の嫌いな理由……それは実は「あなたが無意識に感じていた、あなた自身のイヤな面」なのです。

認めたくないことかもしれませんね。「あんな人だけにはなりたくない」と思っていた人のイヤな面が、まさにあなたの中にあるというのですから。

「鏡の法則」を提唱している野口嘉則さんが言うように、「私たちの人生の現実は、私たちの心を映し出す鏡」なのです。そもそも自分の心の中に「自分のこういうところがイヤだ」

という思いが存在しなければ、現実世界の鏡に「あの人のイヤなところ」は映らないのです。

もう一度聞きます。あなたは、誰の、どんなところをイヤだと思っていますか？　日常の何気ない所作から、お金、仕事、人間関係などに対する価値観まで、あなたが感じる「他人のイヤなところ」はさまざまでしょう。小さなものから大きなものまで、書き出してみてください。

ここでも、出た結果をまず受け止めてみましょう。「自分はそんなに悪い人間だったんだ……」などと落ち込む必要はまったくありませんよ。「今まで知らなかった新しい自分を知った」という未知の経験をしたこと自体が、とても貴重で素晴らしいことなのです。

何かあったら「それはなぜなんだろう？」と自問してみる

頭（＝顕在意識）でどんなことを考えていようと、あなたの本音は心（＝潜在意識）のほうに潜んでいます。「引き寄せの法則」と呼ばれる有名な法則がありますが、あなたがいくら頭だけで「そうしたい」と思っていても、あなたの心の本音が「そうしたい」と思っていなければ実現しません。例えば、「人に嫌われたくない」とよく口にしていても、心の中で「自分は嫌われても仕方ない」と思っていれば、「嫌われて当然だ」という本音に引っ張られた現実が訪れてしまうのです。

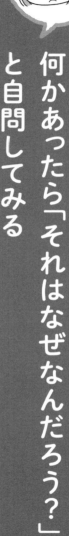

「頭で考えていること」と「本音」が一致していればわかりやすいのですが、自分を変えていくプロセスでは、この2つが別々のものとして現れ、戸惑うことがあります。例えば、「明るいイメージを思い描く」という目的で「真っ青な海でイルカと遊んでいるシーン」を思い浮かべたのに、いきなりそこにサメが現れた……といったことがよく起こるのです。

このように思い描いたものと違うイメージが現れた場合は、どうすればいいのでしょうか？　そこからいきなり逃げたり、イメージを消したりせずに、「なぜ今、このイメージが出てくるんだろう？」と考えるのです。「真っ青な海にいきなりサメが現れた」場合であれば、面と向かってサメに「なぜあなたはここに来たのか？」と聞いてみるのです。

サメはもしかしたら「お前を食いたいから」と言うかもしれません。そのときは、キッパリと「イヤです」と言いましょう。「逃げる」と追いかけられるからです。

そのうえで、「あなたはここにいなさい。私はここから去ります」と告げ、あなたは背中を見せずに去るのです。背中を見せると食べられてしまうからです。「私は先に行く。ここを卒業する」と告げるのです。「自分にとってはもう必要ない」と告げるのです。

はっきりと宣言をして、次のステージへと向かいましょう。

さあ、ぬるま湯から出て「反転させる」覚悟を決めよう

「わかる」には、3段階あります。「思考レベルでわかる」「感情レベルでわかる」「行動レベルでわかる」の3つです。

私は診療を受けに来た子供たちに「わかった？」と聞くことが多いのですが、「はい」と答えるのにやらないままの子がいます。そういうときには必ず『『行動しない』ということは、『わかっていない』のと同じだよ」と言います。思考、感情で「わかったつもり」になっていても、実際に行動しなければ本当の「わかる＝変わる」にはならないからです。

私は、「反転」という言葉が好きで、私の経営するクリニックのＨＰのトップページにも「大反転」と掲載しています。反転は「カタカムナ」という宇宙理論で提唱されている概念です。「本当の自分（陽）は、見せかけの自分（陰）をなくしたときに現れ、感じることができる」という考え方です。

私なりの解釈では、反転とは、「裏返る」というやさしいイメージではなく「一度完全に壊れて新しい芽が出てくる」という、より強烈なイメージです。

ぬるま湯の中で変わろうとしても、人はなかなか変われません。大反転を起こすには、そのぬるま湯から出なくてはなりません。

同居する家族との人間関係に苦しんでいるなら、その家を思い切って出ましょう。1人で悩んで堂々巡りになっているのなら、信頼できる相談者を探し、相談すべきです。

私は心理カウンセラーの心屋仁之助さんの本が好きでよく読むのですが、心屋さんは「自分の守備範囲にいるかぎり変われない。自分の思考の枠から外に出なければ変われない」と述べています。そして、「ネクストステージに行くときは、今までもっていた物をすべて捨てて飛び出なさい」と言います。

あなた自身のスキーマに基づいて、今までのあなたはあらゆる行動をとってきました。

そのスキーマを変え、大反転するのだと決意する――。

そのために、人間関係、生活空間なども、大胆に変えていく――。

その覚悟の強さが、あなたを悩みから救ってくれるのです。

「自己」とは何か？ その③

その感覚は、決して「異常」なんかじゃない

もしも、私たちの頭の中に幻聴や幻覚などがあったら、精神病を疑われてしまいますが、幻覚や妄想などは、統合失調症に特異的なものではなく、質や量の差はあれ、気分障害や解離性障害、あるいは病気とはいえない人たちにも生じています。

最近は、精神疾患の典型的な病状もかなり様変わりし、病状が複雑で曖昧で混在しているために、並列診断や特定不能と付加して診断するケースが多くなりました。

そういった状況の中で私は、病気や障害の症状から、心のあり方に目を向けて診療するようになりました。すると、自我（エゴ）、つまり自分の境界線や自分軸が弱い人たちが多いことに気がつきました。その背後に隠されていたのは、その場やその状況に合わせて変

わる自分が多数存在し、どれが本当の自分かもわからないという自我のあり方でした。

これはトラウマ（心の傷）への防衛反応によって生じたというよりも、親や世間への過剰同調や過剰適応によって生じた自我の弱さなのです。私たちは、子供から大人になるときに、自他を区別するための境界線を築き、自分を優先して考える自分軸を立てて自我を膨らませて成長します。自分を守るためには自我が必要であり、そうでなければ完全に無防備となり現実の危険に対応できなくなるのです。

日常生活の中で一貫した自分を確立していくこと、場面や状況に合わせて作り出したいくつもの自分を、１つの自分にまとめていくことが普通の発達とされてきました。しかし、こうした時代は終わりを告げ、「見えない世界」に通じたり、イマジナリー・コンパニオン（ＩＣ：空想上の人物）を内在しながら、自我が弱いために、自分を出したり肯定したり、調整したりするのが苦手な人たちが少なからずいることがわかってきました。

ＩＣは必ずしも病的なものではなく、「一定期間現れて、本人と会話を交わす空想上の人物。実在感が伴われ、内部の主観空間だけでなく外部空間にも現れる。空想を超えて幻覚へと連なるスペクトラムをもつ。架空性が認識されていて、現実の人物と混同されることはない」と説明されています（大饗広之：２０１７）。簡単にいえば、本人に健忘（過去の出来事を覚えていない）を伴わない解離状態に現れる「もう1人の自分」なのです。

もともとICは、子供が1人遊びの中で架空の誰かと会話を交わす様子が観察されたことから名づけられたのですが、大人にもICが現れることが注目されるようになったのは最近のことです。解離性障害で見られるような健忘が前景に出ることは少なく、本人とICの間では違和感のない形で会話が行われ、その存在が外部に漏れ出ることもないのです。

そのような人たちがもつ症状を病気や障害と診断し、「異常」として扱い、それを「普通」にするといった治療的な考え方、見える世界だけを信じて善し悪しを判断する考え方をやめなければ、敏感過ぎて生きづらく、自己肯定感をもてない人たちの困り感に十分に対処することはできません。

第4章

心の中を自己肯定感で満たしながら生きていく

家族それぞれの「ありのまま」の自分
先生からは次のステップとして「やりたいことリスト」を作ること「当事者研究」への参加を勧められました
やりたいことリスト
次の仕事を決めたい
・輸入雑貨のお店で働きたい
・共通の趣味の友達を増やしたい
・両親と向き合って話しがしたい
当事者研究
客観的に自己を見つめて、行動原理を掘り下げて研究し、同じ悩みをもつ人たちに発表することで、自己への肯定的な考え方が芽生える
（142ページ参照）
不安や緊張を抱いたときに身体の一部がこわばることそしてそれを意識しておくことでネガティブ感情からうまく離れる方法も教わりました
背中をリラックスさせる
緊張や不安から離れるスイッチに！

少しずついろんなことを試していくうちに「ありのままでいい」という言葉が
すごくいい言葉だと思えるようになっていきました
松山さんは自分のことを「知り」
「見つめる」ことができていると思いますすよ
次は「出す」段階ですね
はい
今ならちゃんと
両親と話せると思います

遅いわねぇ
サッちゃん
私が勧めた
セミナーは
続かなかったけど
クリニックには
通ってるのね
…
また飲んで
るのか…
前より
元気になったように
見えるから
いいじゃ
ないか

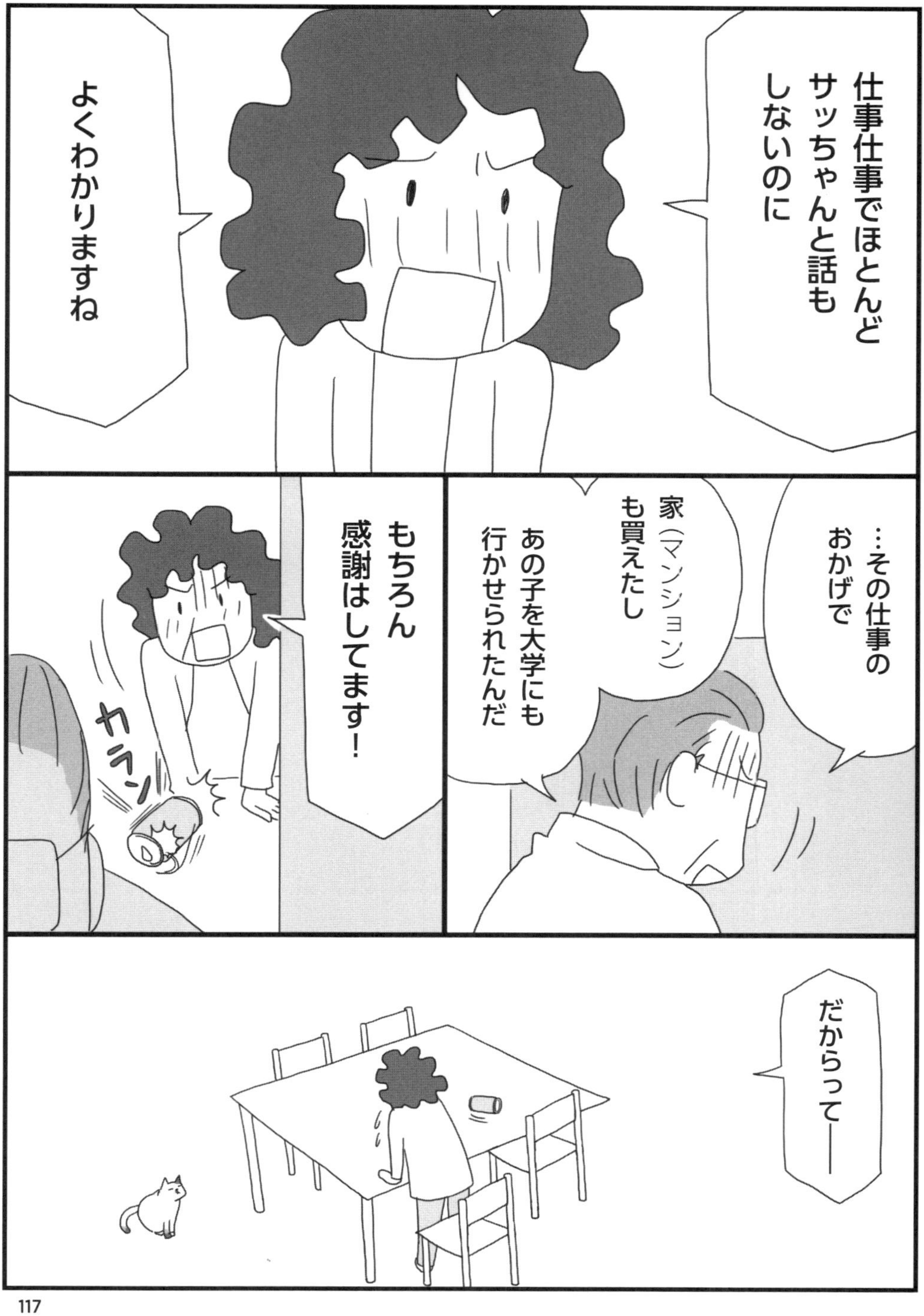
仕事仕事でほとんど
サッちゃんと話も
しないのに
よくわかりますね
…その仕事の
おかげで
家(マンション)
も買えたし
あの子を大学にも
行かせられたんだ
もちろん
感謝はしてます！
カラン
だからって——

ただいま
ちょっと2人に
話があるの
私は自己肯定感をもてないためにたくさんのことで悩んでいることを伝えました

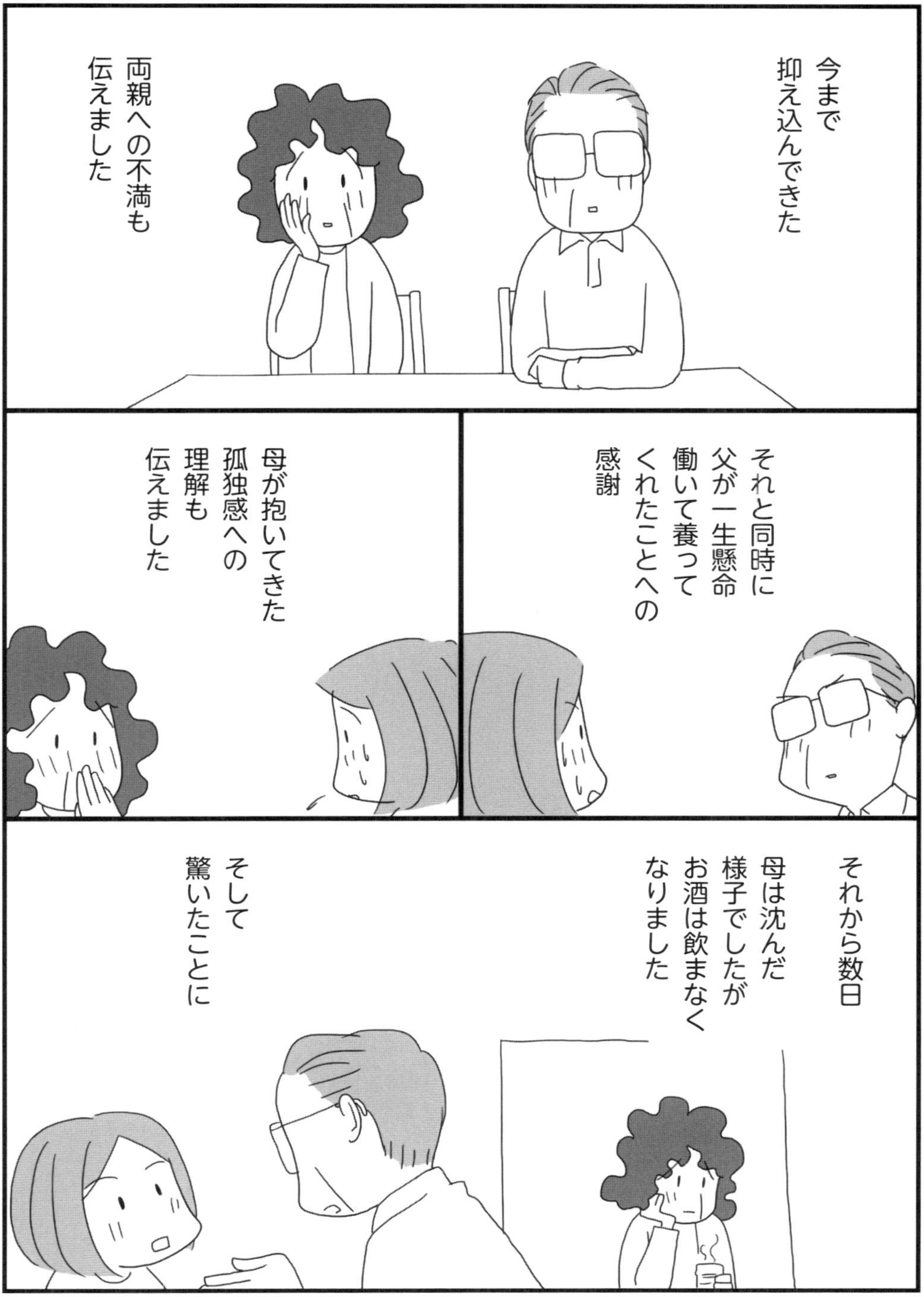
今まで
抑え込んできた
両親への不満も
伝えました
それと同時に
父が一生懸命
働いて養って
くれたことへの
感謝
母が抱いてきた
孤独感への
理解も
伝えました
それから数日
母は沈んだ
様子でしたが
お酒は飲まなく
なりました
そして
驚いたことに

父からの提案で
母と2人一緒に
クリニックに通い
始めたんです
父は
仕事を休んで
いろんな人に
相談したり
本や
インターネットで
調べたりして
クリニックに
行くことを
選択した
そうです
なんだ
ご馳走
だな

おかえりなさい
サッちゃん
やりたい
仕事が
見つかったん
ですって
グルルルルル
そうか
そのー
調子というか
気持ちの面は
…大丈夫なのか?
…心配して
くれてありがとう
お父さんと
お母さんと
話できて
よかったみたい
自分なりに
だけど
前向きに
なれてるのかも

うまいな
うん
ニャー
今まで ごめんね
こんな お母さん だけど できることが あれば 力になるから
サッちゃんが 自分らしく 生きられるように 見守ります
いっ
ビク
ビク

今さら何をと思うだろうが…
2人ともすまなかった
父さんも自分自身を見つめ直そうと思ってる
……ううん
今さらなんてことはないと思うよ
ニャン〜
みんな同じ気持ちなのかな
じゃあ3人それぞれ頑張ろうよ
——ここからが始まりだ
もし弱気になることがあったら
この日の嬉しい気持ちを思い出そう

自分の「スキーマ」は必ず書き換えられると知る

第3章では、あなたの中に眠り、あなたを縛っていたマイナスのスキーマに気づく方法を紹介しました。

この第4章の冒頭でまずあなたにお伝えしたいのは、「そのスキーマはいくらでも書き換えられる」ということです。

心理学者やカウンセラーなど、さまざまな人たちが「自我とは出来事の総称」であると言っています。これはつまり、「人はスキーマをもたずして生きていくことはできない」ということです。と同時に、さまざまな人たちが「あなたの意識のもち方でいくらでも変わっていける」とも言っています。これは、「どんなスキーマをもつかは、あなた自身で自由に決められる」という意味なのです。

簡単に言えば、どんなメガネを身につけるか？　どんな用途のフィルターを選ぶか？　どんな周波数にツマミを合わせるか？　といったことがあなたの自由であるのと同じです。

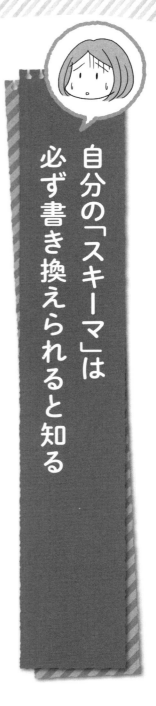

スキーマは、あなたの選び放題なのですから、「自分にとって心地よいもの＝自分が生きやすいもの」を選べばいいし、メガネや周波数と同じで、あなたが「変えるぞ」と覚悟を決めさえすれば、案外簡単に変えられるものなのです。

そして、あなたがスキーマを変えるうえで重要なキーワード、それが「出す」です。

私たちは、何か物事を学ぶときに「インプット＝入れる」ことばかり重要視しがちです。もちろん「入れる」ことは大事なのですが、それ以上に「アウトプット＝出す」ことを重要視する必要があります。

これは脳の神経回路の研究で「出力依存性学習」と呼ばれています。脳は、左の図のようなプロセスを繰り返して成長していきます。つまり、人は「どんどん出す」からどんどん変わっていけるのです。

では、具体的に「出す」には、どんなことを行えばいいのでしょうか？　オススメの方法については、１３４ページから紹介していきます。

出力依存性学習とは

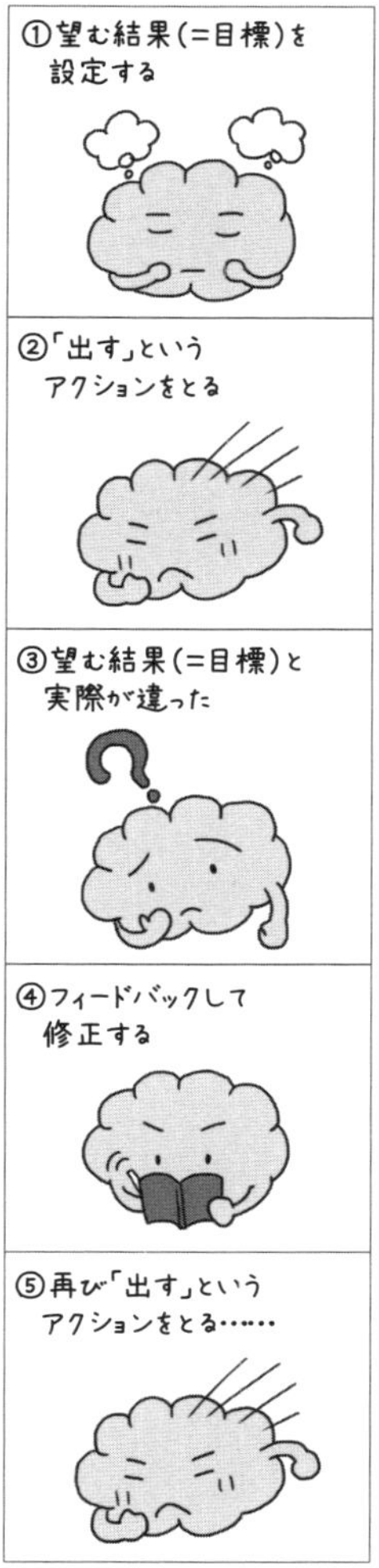
①望む結果（＝目標）を設定する
②「出す」というアクションをとる
③望む結果（＝目標）と実際が違った
④フィードバックして修正する
⑤再び「出す」というアクションをとる……

ポジティブな未来へのイメージ作りを継続しよう

私たちは過去↓現在↓未来と時間が流れていると認識しているから、過去の記憶を軸に物事を考え、それに強く縛られます。信じられないかもしれませんが、量子物理学の世界では未来↓現在↓過去が真実とされています。未来をリアルにイメージして現実になると信じ切ることのできる、逆の時間軸で生きられる人においては、過去の臨場感は弱くなり不安や恐怖は減少します。

自己肯定感の低さから、不安や恐怖を感じやすい人は、過去の記憶に強くとらわれていることが原因で、過去の記憶を繰り返しイメージすることを習慣にしています。ですが、未来の記憶（願望）は自由に作れるのです。望ましい未来をリアルにイメージすれば大丈夫です。未来を不安にさせる臨場感を弱め、ワクワクさせる臨場感を強めれば、私たちは過去の記憶を変化させることが可能です。今は過去ではなく未来が決めていることが納得できれば、未来は自由自在なのです。そのための方法をいくつか紹介します。

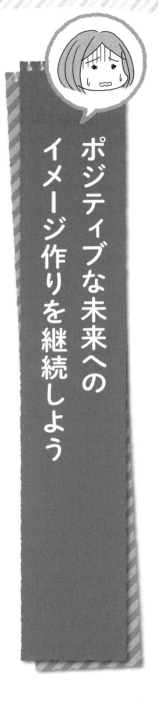

私たちに最も強いクオリア（臨場感）を与えるのは五感や体感の刺激です。つまり、身体を使って五感や体感を調整すればポジティブな観念は書き換えやすくなります。恐怖や不安からの感覚的な刺激を受けないためには、背筋を伸ばし、丹田《たんでん》（臍《へそ》の下）に両手を置く姿勢をとるのが効果的です。この姿勢をとると、笑顔のままでは怒れないように、不安や恐怖を感じにくくなるそうです。

そして、外部の刺激に左右されず、あなたの自己肯定感を引き上げるために重要なことは、自ら率先して人の役に立つこと、世の中に貢献することです。人それぞれにもてる力量は違っているので、大げさなことでなくても、自分でできる身近なことで十分なのです。人に認められたり褒められたり見返りがあったりするからというのではなく、他人とは関係なく自分の真心から行い、自己満足でもいいから自分で自分を褒めてあげるのです。

心の温度は周囲の人や環境に影響されるので、ポジティブな人や環境の近くにいることが大切です。そうするとネガティブになることが自動的に不可能になります。ポジティブな人とのつながりや心地よい居場所を複数もつことは、感情だけでなく思考の調整にも役立ちます。

他人の意見ではなく自分を意識し、グチを言わず批判もせず、人のせいにせず、決めたことは毎日やるスタイルを確立すること、例外を作らないことが大切です。

自らの「孤独」を受け入れる勇気をもとう

「孤独」という言葉についても、ここで触れておきましょう。

孤独という言葉にネガティブなイメージをもつ人も多いのかもしれませんが、私はそうは思いません。たしかに人間は、他者とのつながりの中で幸福感を得ながら生きています。けれども、「自分が幸せであるかどうか？」の基準が他者に存在してしまうと、他人の基準に振り回されることになります。その結果、あなたは「他人の人生」を生きることになってしまいます。

例えば、あなたの親が「あなたには将来○○な大人になってもらいたい」と言ったとしましょう。その言葉が1つの助言やヒントとなり、あなた自身が心の底から納得して行動していればよいでしょう。でも、そうではなく、あなたを縛っているのだとしたら、それはあなたが「あなたの親の人生」を生きていることになるのです。

カウンセリングやコーチングなどの分野では、よく「自分軸／他人軸」という表現が使われます。大切なのは、「自分軸で生きる」ということなのです。

誤解のないように言っておきますが、朝起きてから寝るまですべてを「自分の思いどおりのスケジュールで動く」ということが「自分軸で生きる」という意味ではありません。あなたの周りにいる他者にも「自分軸」があるのですから、「自分軸で生きる＝わがままに生きる」という意味ではありません。自分の人生の指針など、あなたにとって重要な部分はあなた自身が舵《かじ》を握り、「これは自分で決めたんだ」と思えることが「自分軸」をもつということなのです。

あなたにとって重要な部分は、物事の大小ではなく、心の悩みの大きさで測りましょう。例えば、「仲間にランチに誘われてイヤイヤついていっている」としたら、ランチの誘いを断ってもいいのです。「1人で食べたいから」と、あなたの気持ちを伝えましょう。

もちろん、そのやりとりの中であなたは〝仲間〟を一瞬失うかもしれません。それが、「孤独を受け入れる」というプロセスです。

でも、大丈夫。本音を隠さず、やり抜こうとするあなたを、誰かがきっと見ています。そして、そんなあなたに共感した「本当の仲間」が必ず現れるからです。

不健全な心のクセ「反すう思考」を治し自尊心をケアする

アメリカの心理学者ガイ・ウィンチ博士の「心の傷を癒やす方法あります」というスピーチの中に次のようなエピソードが語られています。

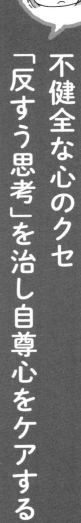

ある中年女性が離婚後に初めてデートをしたときの話です。相手はネットを介して出会った人で、いい人そうな成功者で、彼女いわく自分に気があるようだったそうです。彼女はウキウキして新しい服を買い、待ち合わせ場所の高級デパートに行きました。ところが、会って10分ほどで男性は「ごめん」と言って立ち去ってしまいました。フラれるのは辛いことです。彼女はすごく傷つきました。

そして、友人に気持ちを聞いてもらおうと電話したのですが、こんな会話を彼女はしたそうです。「私みたいにお尻が大きくて、話のつまらない女、誰が付き合うのよ!?」これは彼女が自分自身に向かって吐き出した自虐の言葉です。人間は皆こういうことをしてしまいます。自分の欠点や弱点ばかりに目を向けてしまう。自虐に走ってしまい、傷ついた自尊心をあえてもっと傷つけるのです。

さまざまな研究によると、自尊心の低下は精神的な弱さにつながるとされており、失敗や拒絶からの立ち直りが遅くなります。だから、フラれたときはまず自尊心の回復を図るべきなのです。心が痛いときには自分にやさしくするのです。

こういった不健全な心のクセは治さないといけません。最もよく見られるのが「反すう（繰り返し）思考」です。恋愛以外でも、上司に怒鳴られたり、学校で恥をかいたり、友人と喧嘩した後、頭の中でその場面を繰り返し再生してしまうのです。こういった「反すう思考」はクセになりやすいし、とても危険なものです。

では、どうやって「反すう思考」を治せばよいのでしょうか？　スピーチの中で紹介された1つの方法をお教えします。彼の兄が悪性のリンパ腫《しゅ》と診断され、全身に腫瘍《しゅよう》ができ、化学療法を受けたことがありました。兄は一度も辛いとは言いませんでした。ものすごく前向きで、兄の心はとても健康でした。一方彼は、兄がどれだけ苦しいかということが頭から離れなくなり、身体は健康だけれど心が病んでいました。その頃に「2分間別のことを考えれば、反すうしたい衝動を抑えられる」という研究結果を彼は知りました。不安なことやイヤなことが頭に浮かぶたびにそれを実践しました。すると1週間で彼は前向きで楽観的になることができたそうです。

「潜在意識＝身体」身体に意識を向けることが大切

「潜在意識」という言葉についても、ここであらためておさらいしておきましょう。

第2章で、「潜在意識（自覚できない意識）と顕在意識（自覚できる意識）の割合は『9：1』である」とお話ししましたが、潜在意識のほうが圧倒的に人の行動に強い影響力をもっています。ところが、氷山のイラストが示したように深いところに潜んでいるため、「自分自身の潜在意識が何を感じているかは自覚が難しい」と言われがちです。

でも、そんなことはありません。「あなたの身体が教えてくれる」からです。

朝、ベッドから出るとき、頭でどんなに「大丈夫」と感じていても、身体がどうしても起きることを拒否していたとしたら、それは心の中（＝潜在意識）が発している「これ以上頑張ったらダメだよ。ゆっくり休もう」という声なのです。こんな状態でいくら頑張ろうとしたところで、身体は言うことを聞いてくれません。なのに無理して頑張り続ければ、健康を害してしまうでしょう。私たちはまず、このような身体が発するサインを、しっかり読み取る必要があるのです。

さらに言えるのは、「あなたの身体を健康的にするためのさまざまなアクション」は、「あなたの潜在意識を健康的にし、あなたにとって良いスキーマを形成するためのアクション」であるということです。

次項から、あなたの心を自己肯定感で満たすための具体的な方法を紹介していきます。その中には、食事、睡眠、体操などのアクションが含まれています。健康的な身体作りは非常に大きな効果を発揮します。

生活の中に取り入れよう！
自己肯定感で満たす方法

ここからは、あなたの心を自己肯定感で満たすための具体的な方法を紹介します。ストレスを吐き出す方法、心の整え方、身体のエクササイズ、仲間の見つけ方、生活習慣などさまざまです。今のあなたが「これならできそうだ」「やってみたい」と思ったものを選んで、毎日の生活に取り入れてみましょう。そして、「効果があった」「続けてみて心地よい」と感じたものはぜひ続けてみてください。

■両手をシャカシャカ動かしながらマイナス言葉を吐き尽くす

「鏡の法則」に関連してお話ししたように、「心の中にあるマイナスの思いを外に吐き出す」という行為は、ストレスを溜め込まず、心をスッキリさせるうえで非常に大きな効果を発揮します。

これまで私は、感情を吐き出す方法として、舌を突き出しながらお腹に溜まった感情を一気に吐き出す「獅子の吐き出し」法を実践し紹介してきましたが、最近、藤谷泰充《やすみつ》先生が開発された「しこたま意識クリーニング」という方法を知り実践しています。

これは心の闇を出し切って浄化する方法で、個人的な想念だけでなく、人類の不調和も、見えない世界の闇もいったん引き受けて全部出します。図にあるように、両手を合わせた内側に小さな自分をイメージしながら指平面を前後に擦り動かします。「これから意識クリーニングを始めます」と思い、普段は恥ずかしくて言えないような心にしまい込んでいる本音や悪口を、思いたいだけ思いながら両手をシャカシャカ動かします。

「不安で不安で…」「心配で心配で…」「悔しくて悔しくて…」「腹が立って腹が立って…」「欲しくて欲しくて…」「許せなくて許せなくて…」「やりたくてやりた

①左手に右手をかぶせる
②宣言をする
これから
意識クリーニングを
始めます
③手を擦り合わせながら
マイナス言葉を口にする
④頭や胸や腹から出し、
吐き切るイメージ
シャカ
シャカ
不安で不安で…
心配で心配で…
悔しくて悔しくて…

くて…」など次々と心に浮かんだ思いを、頭や胸や腹から吐き出します。しこたま出せたら、「ありがとうございます」と感謝して終わります。詳しいやり方については、ネット上でご検索ください。

私も、私のクリニックに診察に来た方から藤谷先生の存在を聞き、先生のセミナーを実際に受講したことがあります。藤谷先生いわく「しこたま言わせていただきます」と宣言してから行うことが大事だそうです。また、吐き切る際には、絶えず手をシャカシャカと動かし続けます。私は、約1時間ずっと手を動かしながら、マイナス言葉を吐きました。そのおかげで、とてもすっきりした気持ちになったのを覚えています。

■自分自身を成長させるにはまず目的を定めて少しずつ修正していく

人間の脳には「望む結果（＝目標）を設定し、それに向かってアクションをとり、望ましい結果が出なかった場合、フィードバックして修正し、望む結果に近づこうとするアクションをとる」という神経回路が備わっています。

このような脳の神経回路の機能のことを「出力依存性学習機能」と呼んでいます。つまり、人は、自分自身で目標を決め、そこに向かってアクションをとり始めれば、自ずと脳の神経回路を発達させようとするわけです。

ですから、まずは自分自身で目標を決めて、その実現のための小さな一歩を踏み出してみましょう。「一歩だけ前に進めた」という小さな実感でもよいのです。それが、あなたの自己肯定感をアップしてくれるはずです。

目標設定の仕方や進み方でとても参考になると思ったのが、２０１８年平昌《ピョンチャン》パラリンピックのスノーボードで金メダルを獲得した成田緑夢《ぐりむ》さんの考え方です。

彼がオリンピック開催前にテレビ朝日系列のニュース番組『報道ステーション』で、スポーツキャスターの松岡修造氏と語っているのを、私はたまたま目にしました。

緑夢さんは、兄姉ともオリンピック日本代表というスノーボード一家で育っています。スノーボードを始めたのは1歳のとき。２０１３年には世界ジュニア選手権で優勝するなど、若くして「天才」と呼ばれる存在でした。ところが、世界を制した2週間後、彼は自宅での練習中に、左足の全十字靱帯《じんたい》・後十字靱帯断裂、動脈破裂などの大ケガを負ってしまいます。膝から下の神経は今でも麻痺しているそうです。一度はオリンピックの夢を諦めた緑夢さんですが、「自分がスポーツをすることで励まされる人がいるんだ」ということに気づき、スノーボードを再開。見事、金メダルを獲得したのです。

さて、そんな緑夢さんの話の中でも特に面白かったのは、「ブラック緑夢くん」という存在が自分を支えてくれた——というくだりです。

彼は、「誓約書」というシートを自分で作ってもっています。そして、その誓約書に内容を書き込み、誓約を交わすのだそうです。

契約を交わす相手は誰か——？

それは「ブラック緑夢くん」という、もう1人の自分なのだそうです。

「ブラック緑夢くん」は、誓約を交わすときだけ、しゅーんと天から降りてくるそうです。そして、自分の顔の横のあたりで「自分が1カ月後に、その結果を出したいんだろ？ だったら誓約書を書け」と言うのだそうです。緑夢さんはその言葉に促され、誓約書に「期日はいつまでか？」「できなかったらどうするのか？」を書き、日付を書き印鑑を押すのだそうです。

そして期日まで、緑夢さんは目標達成に向けて最大限の努力をします。

期日になると、「ブラック緑夢くん」は、しゅーんと天から降りてきます。そして、「YESか？ NOか？」と、ただひと言聞きます。そして、緑夢さんが「YESです」と答えると、「よく頑張った」と言って帰っていくのだそうです。

ちなみに、緑夢さんの好きな言葉は「目の前の一歩に全力で」とのこと。ざっくりとした大きな目標を決めたら、そのあとできることは1つしかない——例えるならば真っ暗闇に2本のろうそくがあるイメージなのだそうです。

遠い先にあるのが、1本めのろうそく。これは「あそこ（大きな目標）に行くんだな」とわからせるためのもの。そして、もう1本は足元を照らすもの。この明るさで、一歩ずつ確かめながら進むしかないのだそうです。

「ざっくり」と「一歩一歩全力」。このイメージは、とても参考になると思います。

■暇な時間にマイナス思考に陥りやすいので「やりたいことリスト」を作っておく

これは、本書で何度か紹介しているヤギコーチなど、さまざまな人がオススメしています。

人間は、暇なときほど過去や未来に思いをめぐらせ、マイナス感情に陥るものです。逆に、何かに没頭しているときには恐怖や不安に陥らないものなのです。

そこでオススメしたいのは、「やりたいことリスト」を作ることです。

手帳やノートに「時間があったらやりたいこと」を書き出しておきましょう。「長期の海外旅行をする」といった比較的大きなことから、「大好きなブロガーの記事を1つ読む」といった数分程度でできることまで、何でもよいのです。時間を見つけては書き出して、リストの項目をどんどん増やしていきましょう。

そして、「暇だな」と感じたら、「やりたいことリスト」の中から1つ選んでやってみましょう。あなたのマイナス感情は、たちどころに消えているでしょう。

ただし、注意点が1つあります。それは、お酒やギャンブル、異性に逃げるなど、やり終えたあとに虚無感しか残らないアクションは「リストに入れない、やらない」ということ。不安や寂しさが増すだけなので、禁物です。

■「これはチャンスなんじゃないか」と思ったら、とりあえず手を出してみる

私のクリニックを訪れる人たちに、「どうすればチャンスをつかめるんですか？」と聞かれることがあります。そのときに私がよくお伝えするのは、「チャンスをつかむのにはコツがある」ということです。

チャンスをつかむコツ、それは「チャンスだ！」と思ったらすぐに手を出すことなのです。

眺めていないで、とりあえず手を出してみる。そして、「これはダメだ」と思ったら、すぐに手を引く――そうしないとチャンスはつかめません。これは、さまざまな本で語られていることですが、チャンスをつかむのがうまい人を見ていても、私自身がチャンスをつかんだときの経験と照らし合わせても、非常に合点のいく行動原則だと思います。

例えば、以前からトライしてみたかった仕事の就職情報を見つけたとします。そして、「自分にはこの仕事が向いているのか？」「向いていなかったらどうしよう？」と悩んでし

まったとします。

実際のところは、いくら悩んだところで、仕事をしてみないとわからないのです。ですから、オススメしたいのは、「もしかしたらこの仕事は向いているんじゃないか？（＝チャンスなんじゃないか？）」という気持ちで、とりあえず動いてみることです。心にそういう意識があると、不思議なもので、よい情報が集まってくるし、素晴らしい人との出会いもあるのです。

何でも偶然ではなく必然と思って、あなたの手でつかみにいきましょう。その結果、合わなかったら、それは合わなかったってことでよいのですから。

■「ホ・オポノポノ」で語りかけ、自分自身をなぐさめる

「ホ・オポノポノ」は、ハワイに古くから伝わる問題解決の技法です。

やり方は、とても簡単です。自分の心の中にいる「インナーチャイルド」に対して、「ありがとう」「ごめんなさい」「愛しています」の言葉を声にし、語りかけるのです。

インナーチャイルドとは、幼い頃に抱いたマイナスの記憶や感情をもった自分のことです。その子に向かって語りかけるのです。

（イヤな気持ちを抱えたまま耐えてくれて）「ありがとう」

（そんなあなたを放っておいて）「ごめんなさい」
（あなたのことを）「愛しています」
という意味です。声に出すことで、人から言われているのと同じ効果をもちます。あなたのインナーチャイルドに声をかけ、喜ばせてあげましょう。

初めは、言葉に気持ちを込める必要はありません。ただ、「ありがとう」「ごめんなさい」「愛しています」と声に出すだけ。声の大きさも、スピードも、回数も、タイミングもルールはなく自由です。

私は、インナーチャイルドがお腹の中にいると考えると実感が湧きやすいと思っています。ですので、お腹に手を当てながら、この言葉を言うことをオススメしています。言霊《ことだま》という言葉を聞いたことがあると思いますが、言葉というものは口に出すことでとても大きなパワーを発揮します。この４つの言葉を繰り返すことで、心の中のマイナス感情がクリーニングされていきます。

■同じ悩みを抱えた人たちと集まり、本音を出し合って仲間を作る

今、精神障がいの世界の治療で、北海道浦河町の小さな教会で生まれた「当事者研究」という新しい方法が注目されています。

当事者研究は「病気は専門家が治すものではなく当事者同士が治すもの」であり、「弱さを出せることが治療的なのだ」という考え方に基づいています。

専門家の用語や考え方、治療に縛られることなく、同じ悩みをもつ当事者たちが集まって、自分たちが経験してきた治療や生活、人生における知恵を出し合って、自分の困っていることを仲間とともに考え、自分の助け方を探っていきます。ロールプレイングなどを通じて「自分は弱い」「自分はダメ人間だ」といったコンプレックスの話を、同じ悩みを抱えた仲間に打ち明けることで、弱さを絆にした連帯感が生まれてくるのです。

私のクリニックの来院者たちも、北海道エリアを中心に当事者研究を行っています。開催日時・場所などの詳しい情報は私のクリニックのHPに掲載されていますので、興味のある方はご覧になってください。

■自分自身の目盛りを細かくしたうえで、睡眠時間などの「記録」をつけてみる

自己肯定感の低い人は、「できた／できなかった」「よかった／悪かった」「勝った／負けた」といった二元論で物事を考える傾向があります。

ところが、「0か？　100か？」の2つの目盛りしかないものさしで物事を測ってしまうと、達成感や成長実感はなかなか得られにくくなります。例えば、「100とまではいか

ないけれど、40くらいはできた」という場合が実際には多いからです。

ですから、「0か？　100か？」の2つの目盛りではなく、その間に「1、2、3……99」までの細かい目盛りを加えて、細かいものさしで自分を評価してみましょう。「たった1だけど進んだ」という事実が、あなたの自己肯定感を高めてくれるはずです。

ものさしを細かくしたうえで、自分で行動記録をつけてみることをオススメします。認知行動療法の分野では、目標を決めてやり続けるには記録をつけることが大事だとわかっています。体重を減らしたい、勉強を続けたい、ランニングを習慣化したい……など、自分にとって気になる何かをやってみて、記録をつけてみましょう。

睡眠表

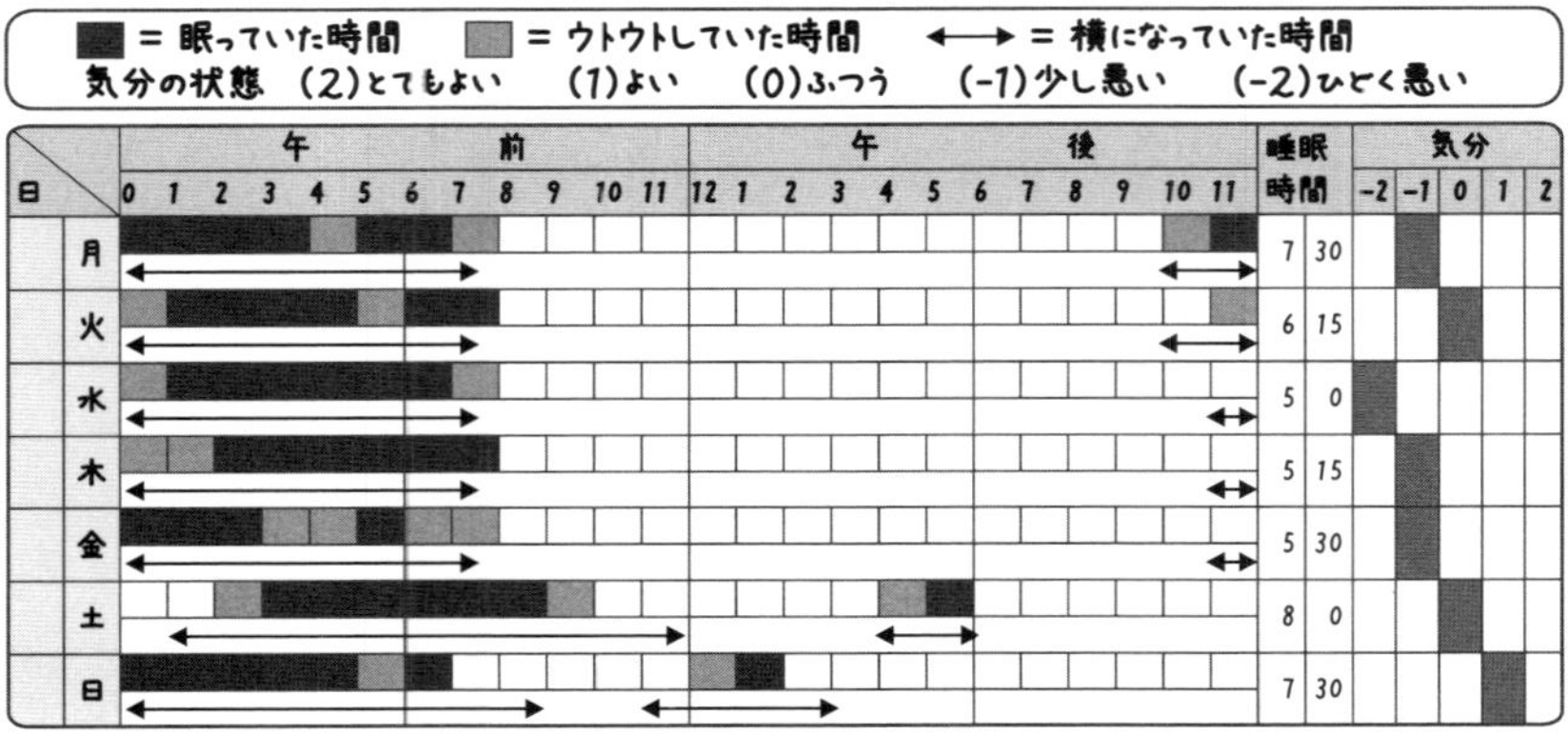

ちなみに、心身の健康管理という意味では、「睡眠表の記入」もオススメです。右ページのようなフォーマットのものに毎日の状態を記入することで、自分自身のバイオリズムがわかってきます。気分を書く欄があるのが、大きな特徴です。あまり寝られず悩んでいる人は、このフォーマットをもとに睡眠記録をとってみるとよいでしょう。この場合も「よく寝られた／全然寝られなかった」といった二元論ではなく、自分の目盛りを小さくして「小さなよかったこと」「少しだけ成長できたこと」を探すようにしましょう。

■深呼吸と手の爪のツボ押しでイライラをセルフコントロールする

第1章で「心の強さ」について触れました（34ページ参照）が、イライラしたときに、その感情をセルフコントロールできるようになると、自分の心が強くなったと実感できます。

では、どのようにすればよいでしょうか？　私がクリニックで来院者にお話ししているのは「深呼吸」と「ツボ押し」を組み合わせた対処法です。これらは前述のヤギコーチも推奨している方法です。

まずは、深呼吸が大切。「イライラしたな」と感じたら、何も考えず、反射的にまず深呼吸をしましょう。

3～5秒ほどかけて鼻から大きく息を吸い込み、お腹をしっかり膨らませたところで息を5～6秒止めます。その後、息をゆっくりゆっくり10秒ほどかけて吐き出しましょう。

大事なのは、息を吸い込むときには「冷静で清々しい気分」が身体の内側に入ってきているというイメージをもち、息を吐き出すときには「イライラした気分」が外に出ていくイメージをもつことです。

深呼吸の次は、ツボ押しです。両手の爪の生え際の両端にはイライラを解消するツボがあり、ここを刺激すると副交感神経優位になると考えられています。

まず、片方の手の親指の爪の生え際の両端を、もう一方の手の親指と人差し指でつまみ、少し痛いと感じる強さで10秒ほどつまみましょう。これを、小指まで行います。終わったら、反対の手の指も同様に行います。ただし、1日2～3回にとどめましょう。やり過ぎには注意です。

これを手早く行うもう1つの方法があります。両手の指を組み、根本まで深く合わせておいて、指を立てながら指を強く握り、指の側面を圧迫します。

■水、塩、米に気を配ったバランスのよい食事をとる

私は、開業してから、精神科の薬漬け医療から脱却するためにさまざまな代替医療を取り入れています。その1つが、食事療法です。

心身が弱っている状態の場合、食品添加物に敏感に反応してしまう傾向があります。特に気を配るとよいのは、「水、塩、米」です。水道水の塩素などに身体が反応している場合もあるようなので、水はミネラル分を含む天然水がオススメです。塩分も重要です。昔ながらの製法で作られた、原材料名欄に「海水」と書かれたものが安心です。そして、脳を動かすエネルギー源となるブドウ糖をしっかり補充する意味でも、日本人にとっての代表的な炭水化物であるお米をしっかり食べましょう。

また、偏りのあるメニュー、少品目のメニューはオススメできません。チェックポイントは、彩りです。和食では「青黄赤白黒《しょうおうしゃくびゃっこく》」が基本の色使いといわれていますが、これは見た目の美しさだけではなく、栄養バランスのことも表現しています。1日3回の食事で、青(緑)、黄、赤、白、黒の5色の食材をまんべんなくとるようにすると、自然と栄養バランスが整います。

感謝の気持ちも大切です。私は、自分のクリニックを開業してから、毎日作りたての温かい家庭料理を感謝しながらいただくようになりました。作り手の顔が見える料理を「いつもありがとうございます」という気持ちでいただくことで、毎日の激務の中でも風邪1つひかずに頑張れています。

■背中側のこわばりをほぐすために、ゆらゆら体操、金魚運動をする

「人間の緊張や不安は背中側に現れる」といわれています。整体師やスピリチュアル・カウンセラーの方などは、背中、首筋、後頭部などのこわばりから、相手の心理状態を診断しているそうです。

心と身体は一体ですから、背中側をゆるめることで、心の緊張や不安も自然とやわらいでいきます。そこで、オススメしたい体操を2つ紹介します。

①腰ゆらゆら体操

座りやすい高さのイスに座り、腰の裏側に手を当てます。そして、腰をゆっくりゆったり左右に小さく回転させます。腰椎《ようつい》1つひとつを小さく動かすイメージで行いましょう。

そのあとは、お臍《へそ》とみぞおちの間に手を置き、10回ほど左右にゆらします。

最後に鎖骨の下に軽く手を置き、左右に10回ほど小さく回転させます。

金魚運動

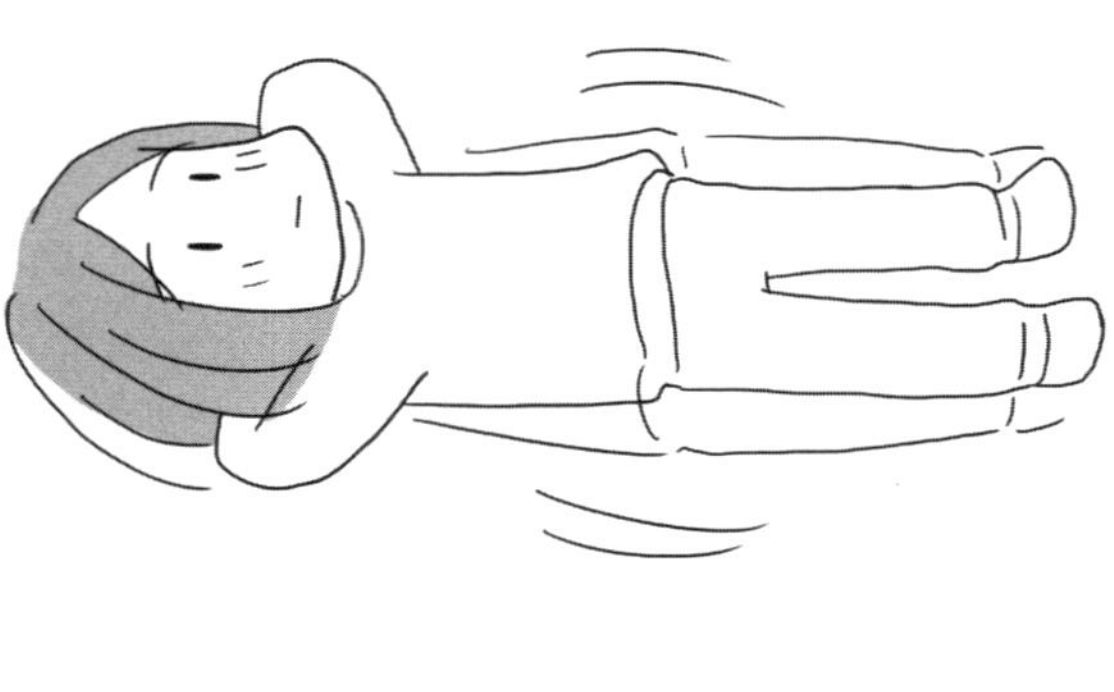

1日1回で十分。お風呂上がりなど、筋肉がゆるんでいるときに行うことをオススメします。

②金魚運動

仰向けに寝て、脱力します。足を肩幅に開き、両足の親指を少し中に入れます。両手の指を絡ませ、首の後ろにもっていき、両手の平で首を少しもち上げます。このとき、肘は床すれすれに保ちます。この状態で、肘を上下にゆらゆらと動かします。腰の裏側、脊椎《せきつい》、腰椎などが動くのを味わいましょう。難しければ、膝を立てて行ってもよいでしょう。

■自分自身を癒やすために、嫌いな相手の喜ぶことをやってみる

あなたの心を自己肯定感で満たすための究極の方法の1つ、それは「嫌いな相手を喜ばせる」という方法です。あなたの心に少し余裕が生まれたうえで行っていただきたい、かなりの高等戦術ですが、これができるようになると素晴らしい実感を得られると思いますので紹介しておきます。

例えば、あなたと考え方や価値観がまったく合わない人がいて、その人といるといつもイライラしたり怒りが湧いてくるとします。その人の主張を「たしかにそうだね」と受け入れてみるのです。

なぜなら相手は、自分の主張の正当性を訴えたいというよりも、「自分をもっと受け入れてほしい」という自己承認欲で行動している可能性が高いからです。あなたが意見を受け入れることで相手の自己承認欲は満たされ、相手の心は落ち着きます。その結果、２人の関係性はよい方向へと向かう可能性が高くなります。

これができたら、次は「相手の喜ぶことは何か？」を考えて実行してみましょう。その人は、どんな言葉をかけられると嬉しいでしょうか？　どんなものを贈られたら喜ぶでしょうか？　あなたが思いついたことを実際にやってみるのです。

……と、このように書くと、「他人に嫌われてでも自分軸を大切にしようと言っていましたよね？」という疑問を抱く人も多いかもしれません。けれども、これは「情けは人の為ならず」のことわざどおり、あくまでも自分の心を癒やすために行うのです。

「鏡の法則」などでも語られていますが、他人に対してイライラしたり怒りを覚えたりするのは他人に投影された「自分の嫌いな部分」を見ているためです。他人のイヤなところを「たしかにそうだね」と受け入れることは、とりもなおさず自分のイヤなところを受け入れ、自分と仲良くなる行為なのです。

■「魔法の言葉」を口にして、あなたにとって心地よい現実を作り出す

私は「これは素晴らしい」と感じた治療法は自ら積極的に学び、医学界で認められたものに限らずどんどん取り入れていきます。言葉のもつ力も非常に大きいものがあるので、人々を前向きにさせる素晴らしい言葉があると、「魔法の言葉」と称して日頃から集めています。

私が集めた「魔法の言葉」には、次のようなものがあります。

「後ろではなく前」「なりたい自分になる」「心の反応　でも　心の糧《かて》」「反応　でも　教材」「自分は自分　人は人」「過去は過去　今は今」「大丈夫、絶対、大丈夫」「ありがとう、ありがとう」「なんくるないさあ」「すべてはうまくいっている」

人間の脳には言葉やアクションで出力したことを「現実のもの」として認識するという特性があります。「言霊」という言葉がありますが、これは脳科学的にも証明されているわけです。ですから、「大丈夫、絶対、大丈夫」という言葉を口に出すと、あなたの脳はあなたに大丈夫であるという現実を実現させるための指令を出すのです。

心に恐怖や不安が押し寄せてきたら、これらの魔法の言葉を使って心を整えましょう。そうすれば、現実があとから追いかけてきてくれます。

……
松山さん？
ハッ
あ
すみません!!
ヤバい　絶対ダメだ…
こんな私が採用
されるわけない…
カーー
ははは
大丈夫ですよ
リラックス
リラックス
ありがとう
ございます…

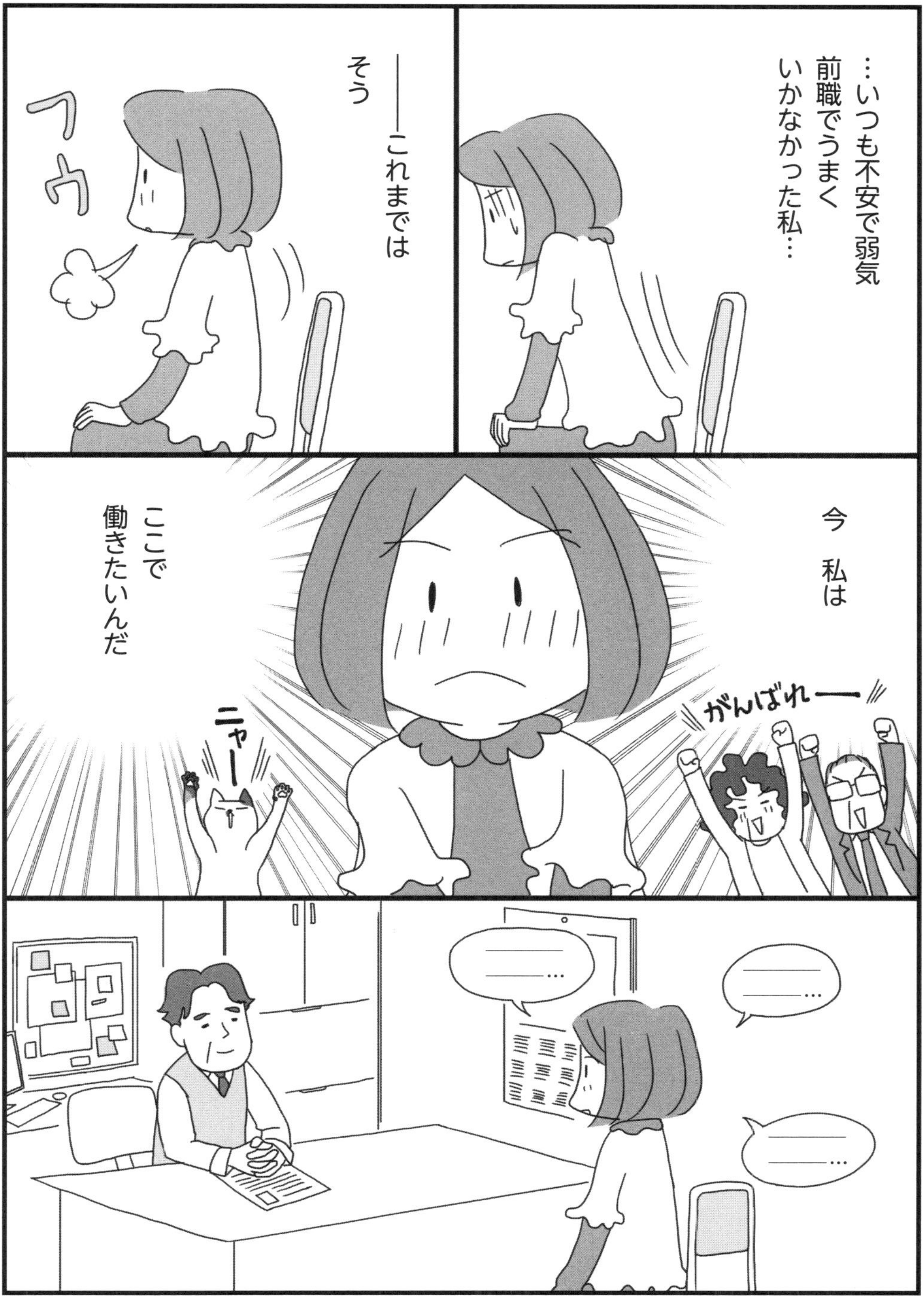
…いつも不安で弱気
前職でうまく
いかなかった私…
――これまでは
そう
フゥ
今　私は
ここで
働きたいんだ
がんばれー
ニャー

数日後
犬丸雑貨店
ポロロン ポロロン
はい 松山です
!
はい はい
はい
ありがとうございます!
よろしくお願いします!
キャー
ニャー

よかったぁ
おめでとう
ホントに頑張ってたもん
今日はお祝いね
お父さんも早く帰るって！
お母さんありがとう……！
私駅までお父さん迎えにいってこようかな
○○駅
○○○○
↖1
2↗

お店への愛や
仕事への情熱を
とても感じました
私が思うに
松山さんの
繊細な
感覚は
人を喜ば
せる力に
つながる
ものです
ぜひ
一緒に
仕事が
したいです
ぬし!

これからだって
失敗することはある
自信がもてない
こともある
でも
弱気で不安な
自分に
向き合う
ことは
できる
ようになった
「ありのままの
自分」を
受け入れ
られたら
きっと
景色は変わる

おわりに

私が精神科医として実感しているのは、日常臨床において、客観的な症状や診断にとらわれていると、患者さんの主観的な症状や思い、生きづらさや自分らしさから目を背けてしまうことになり、その根っこに潜在しているスキーマ（観念や思い込み）に気づくことも難しくなってしまうということです。

病気や障害の症状から心のあり方に目を向けて診療するようになってから、自我の境界線や自分軸が弱い人たちが多いことに気がつきました。彼らの中には、その場その状況に合わせて変わる自分、本来の自分ではない自分が存在し、どれが自分なのか、どこに本来の自分がいるのかわからないのでした。

これらの自分は育ちの中でトラウマへの防衛反応によって自ら生み出した自分であり、親や世間への過剰同調や過剰適応によって、他者から植え込まれた自分なのです。子供は親や世間に愛されたい、認められたいために、親や世間の期待に従うと決め、本当の自分の思いを押しのけ、5歳までには自分のスキーマのほとんどを決めてしまいます。愛されるためには我慢し、正しくなければいけないと思い込み、偽りの自分を作り出して成長するのです。そうなった根っこには何があったかに気がつき、その過去から逃げることなく、その結果である現在を引き受けるとき、ようやく歪んだスキーマから解放されるのです。

スキーマはそのほとんどが恐れや不安をもとに作られています。この恐れや不安は私たちに罪悪感、孤独感、無価値観、自己否定感などのネガティブ感情を植えつけ、自己肯定感を引き下げています。幸運を引き寄せるには、このようなネガティブな観念や感情を手放し、それらに束縛されない自由な自分になることです。

成長の過程で場面や状況に合わせて作り出したいくつもの自分を、1つの自我の殻におさめていくことが普通の発達とされてきました。しかし、今は見えない世界に通じたり、イマジナリー・コンパニオン（空想上の人物）を心に内在させながら、自分を出したり肯定したり調整したりが苦手な人たちが少なからずいる時代になりました。

そのような人たちがもつ心のあり方を、病気や障害と診断し、それを「異常」として扱ったうえで「普通」にするといった治療的な考え方、見える世界だけを信じて、その善し悪しを判断する考え方をやめなければ、敏感過ぎて生きづらく自己肯定感をもてない人たちの困り感に対処できないと私は考えています。

長沼　睦雄

著者

長沼睦雄（ながぬま・むつお）

十勝むつみのクリニック院長。北海道大学医学部卒業。脳外科研修を経て神経内科を専攻し、日本神経学会認定医の資格を取得。北海道大学大学院にて神経生化学の基礎研究を修了後、障害児医療分野に転向。北海道立子ども総合医療・療育センターにて14年間小児精神科医として勤務。平成20年より北海道立緑ヶ丘病院精神科に勤務し、小児と成人の診療を行っていた。平成28年9月に開業し、発達性トラウマ、HSP、アダルトチルドレン、神経発達症などの診療を専門として取り組む。脳と心（魂）と体の統合的医療を目指している。

クリニックホームページ：http://mutsumino.info

イラストレーター
グラフィックデザイナー

マエダヨシカ

東京都在住。実用マンガ、イラストの制作や、ファッション誌からマネー情報誌まで、さまざまなジャンルのエディトリアルデザインなど、幅広く活動中。趣味はミュージカル、宝塚、落語鑑賞！ この本のマンガ制作中のBGMで、最も調子を上げてくれたのは、三代目金馬師匠の「藪入り」。

コミックエッセイ

「自己肯定感」をもてない自分に困っています

2018年 6月29日 第1刷発行
2020年12月29日 第2刷発行

著　者　長沼睦雄
発行人　蓮見清一
発行所　株式会社宝島社
〒102-8388 東京都千代田区一番町25番地
電話：編集 03-3239-0926
営業 03-3234-4621
https://tkj.jp
印刷・製本　サンケイ総合印刷株式会社

ISBN 978-4-8002-8390-0